nicht zu beschwerlich, nach ein paar süßen Babykleidern zu suchen. Vergessen Sie nicht, ein Babyhandtuch sowie Lätzchen und Spuckwindeln zu besorgen.

- So langsam können Sie sich auch Gedanken machen, wo Sie eine Wickelauflage herbekommen und aufstellen wollen. Auch einen **Kindersitz und einen Kinderwagen** sollten Sie sich zulegen. Jetzt ist auch noch ausreichend Zeit, Babysachen-Flohmärkte aufzusuchen. Auch Mobiles, eine Rassel und eine Spieluhr nicht vergessen.
- Wenn Sie berufstätig sind, sollten Sie sich allmählich Gedanken darüber machen, ob und wie Sie die **Elternzeit** in Anspruch nehmen wollen. Ihr Arbeitgeber mus[illegible] sieben Wochen vor dem Start der Elternzeit schr[illegible] bekommen (Seite 136).
- Suchen Sie jetzt schon einmal den für [illegible] (Seite 101).
- Da man in aller Regel in der Zeit un[illegible] ein bisschen Kopf steht und deshalb für solche Dinge wie Kochen oder Putzen wenig bis gar keine Zeit hat, ist es ratsam, sich gleich im Vorfeld zu überlegen, wer einem da unter die Arme greifen könnte und vor allem wen man in dieser Zeit »um sich herum haben möchte«. Wenn Sie sich gut mit Ihrer Mutter oder Schwiegermutter verstehen, können Sie auch diese bitten, Ihnen in dieser Zeit unter die Arme zu greifen. Ansonsten gibt es auch die Möglichkeit, für die ersten Wochen eine **Haushaltshilfe** in Anspruch zu nehmen. Erkundigen Sie sich am besten bei Ihrer Krankenkasse danach.

- Wenn Sie sich für eine **PEKiP-Gruppe** interessieren (Seite 151), sollten Sie sich schon einmal dafür anmelden.

8 Wochen vor dem Entbindungstermin

- **Adressen zurechtlegen**, an die sofort nach der Geburt das freudige Ereignis mitgeteilt werden soll.
- Jetzt ist auch noch Zeit, alles für den neuen Erdenbürger schön herzurichten. Sie können schon einmal das Bettchen beziehen, ein Liegelind als Antispuckunterlage als Kopfteil einlegen und die Wickelauflage installieren. Besorgen Sie sich ruhig auch **Baby-Basics**: Windeln, Poputztücher, Babycreme, Massageöl, eine Babynagelschere, eine Babybürste sowie ein paar Schnuller, sodass alles gut vorbereitet ist. Auch können Sie sich bereits einen Still-BH (eine Größe größer als bisher) sowie Stilleinlagen zulegen. Wenn Sie jetzt schon wissen, dass Sie nicht stillen werden, ist die Anschaffung von ein paar Flaschen mit Saugern, ein Flaschenwärmer sowie Milchpulver sinnvoll.

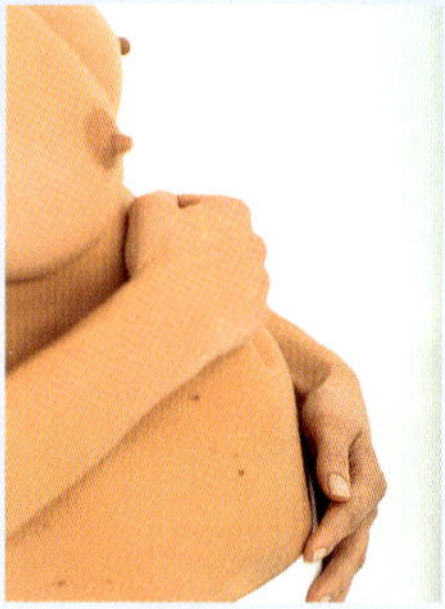

4 Wochen vor dem Entbindungstermin

- In den letzten Wochen sollte man sich eigentlich gar nichts mehr groß vornehmen, da man wirklich mit seinem kugeligen Bauch genügend zu tun hat. Außerdem kann es ganz schnell einmal ein paar Wochen vor dem geplanten Termin losgehen.
- Weiß die Hebamme über den **Geburtstermin** Bescheid?
- Genießen Sie auch ganz bewusst noch einmal das **Leben zu zweit**. Vielleicht gehen Sie auch gemeinsam noch einmal schick essen.
- Arbeitgeber: **Lohnsteuerkarte anfordern** (braucht man fürs Einwohnermeldeamt). In der Personalabteilung fragen: Gibt es zur Geburt Extra-Urlaub?

- Die **Kliniktasche packen.**

Dr. med. Ursula Keicher

Das Babybuch für werdende Eltern

- Gut vorbereitet für eine entspannte und glückliche Babyzeit

TRIAS

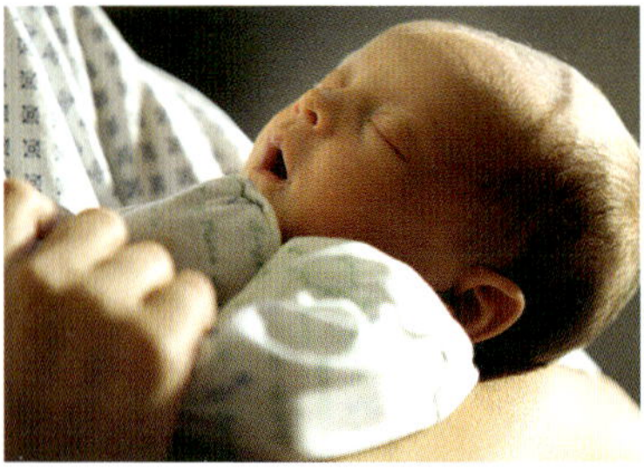

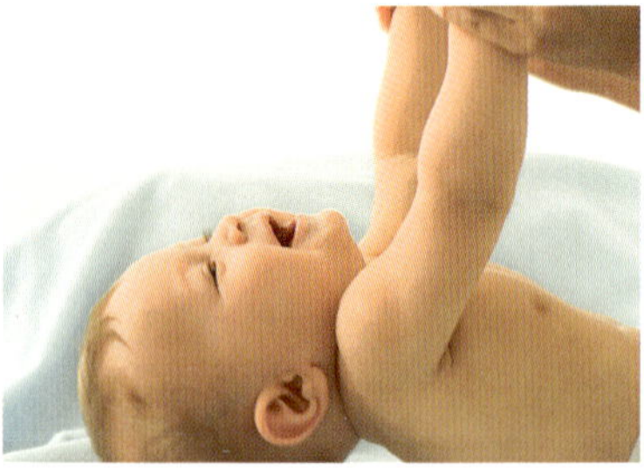

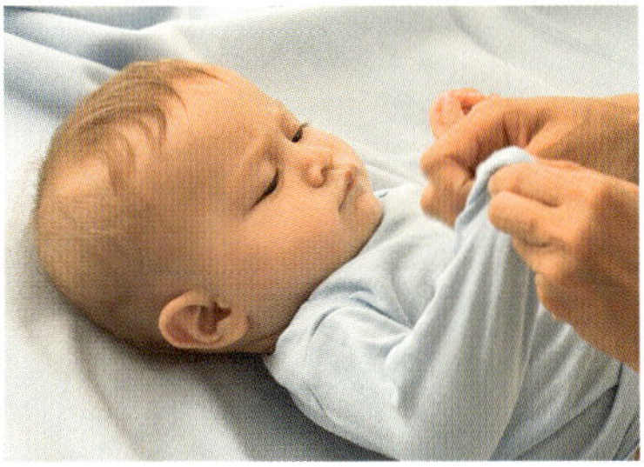

Die Autorin

Dr. med. Ursula Keicher ist Kinderärztin in eigener Praxis in der Nähe von München und selbst Mutter von zwei kleinen Kindern. Aus eigener Erfahrung weiß sie: Viele Dinge lassen sich schon während der Schwangerschaft gut vorbereiten, um entspannt in die erste Zeit mit dem Baby zu starten. Unterhaltsam und informativ vermittelt sie viel Wissen über den »Familienzuwachs« und praktisches Knowhow für werdende Eltern.

Liebe werdende Eltern,

es gibt einfach nichts Aufregenderes im Leben, als darauf zu warten, dass das Baby kommt. Es ist jedes Mal wieder aufs Neue spannend – aber das erste Mal mag man es kaum glauben. Aus so einem winzigen Punkt im Ultraschall soll nach und nach ein Mensch entstehen? Am Anfang hat man oft eher mit Dingen wie Übelkeit und Schwindel zu kämpfen, aber dann, wenn allmählich die Hosen anfangen eng zu werden und am Bildschirm beim Arzt Kopf, Arme und Beine zu erkennen sind – dann geht's bald richtig los. Das Kleine beginnt, sich durch sanfte Knuffe bemerkbar zu machen und der Bauch wächst und wächst und parallel dazu soll man gleich alles für danach organisieren, wo man sich doch sowieso noch gar nicht vorstellen kann, wie alles wird.

Zum Schluss überschlägt sich alles – und dann ist das Baby plötzlich da. Ich kann Ihnen als zweifache Mutter versichern: Die Mühe zuvor lohnt sich. Das Glück ist unbeschreiblich, aber man hat wirklich alle Hände voll zu tun – mit Wickeln und Stillen oder Schmusen. Und damit Sie sich in dieser Zeit einfach rundum sicher fühlen und Sie schon ein bisschen Bescheid wissen über das, was Sie und Ihr Baby alles nach der Geburt brauchen, dafür habe ich dieses Buch geschrieben. Wie entwickelt sich dann so ein kleiner Zwerg? Kann man mit ihm schon verreisen? Auf solche und viele andere Fragen, die im ersten Babyjahr wichtig sind, finden Sie Antworten und viel Bewährtes aus meiner Praxis.

Ich wünsche Ihnen ganz viel Freude mit Ihrem Baby und sage Ihnen schon jetzt herzlichen Glückwunsch zum größten Glück des Lebens,

Ihre Ursula Keicher

München, im Juni 2007

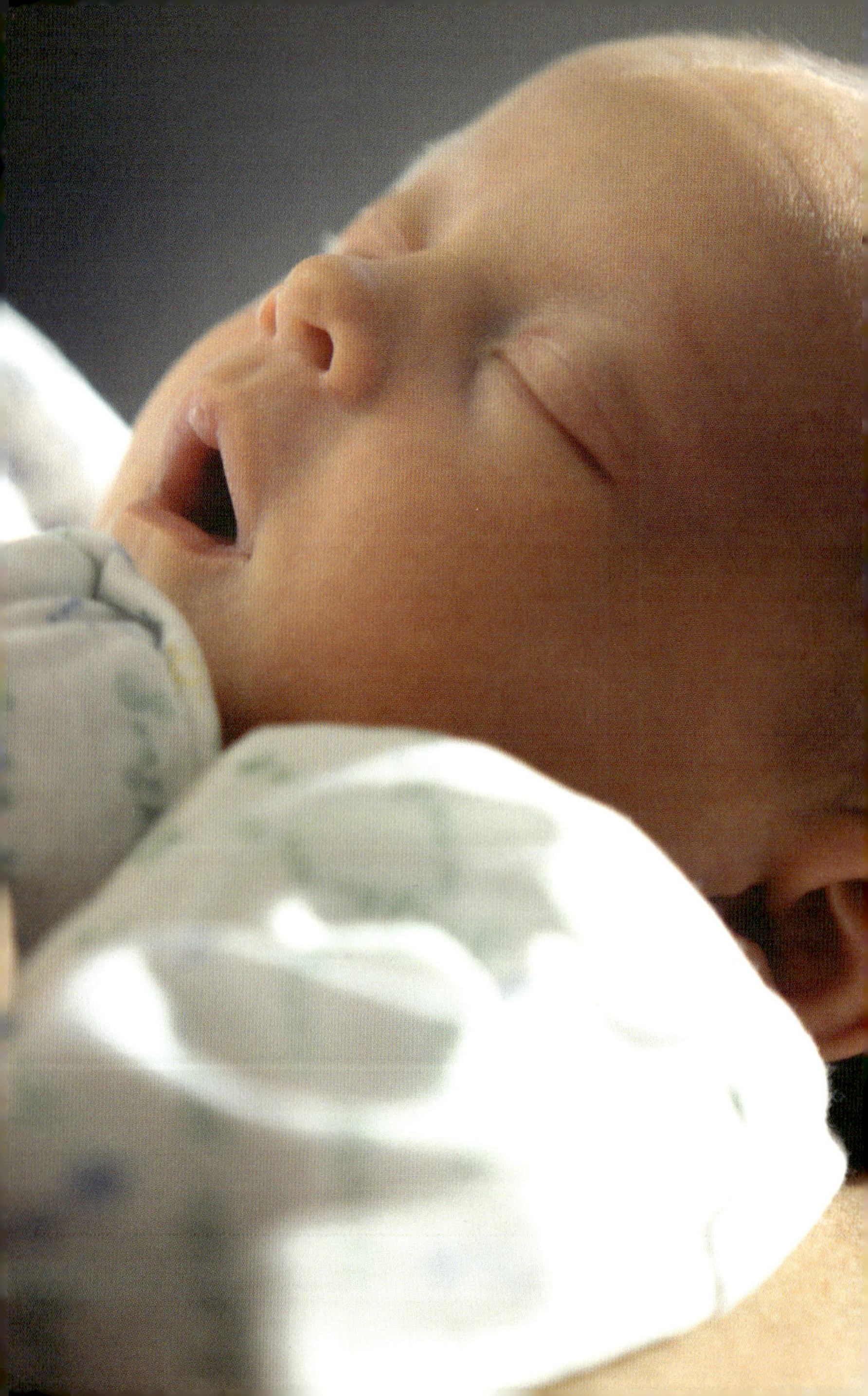

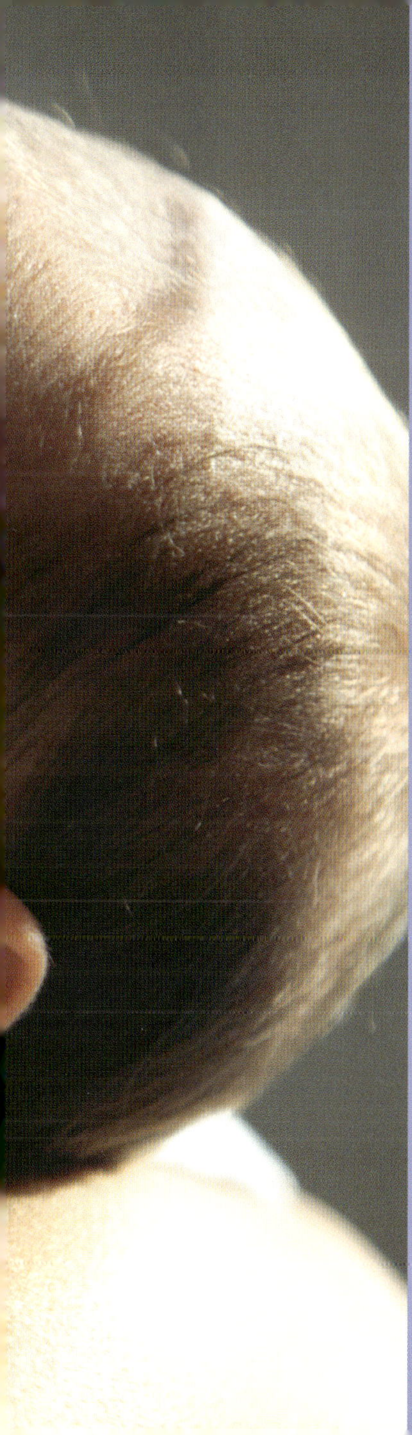

Das Neugeborene kommt nach Hause

In der Klinik sehnt man sich eigentlich schon die ganze Zeit danach, mit seinem Baby allein zu sein – und dann ist es irgendwann endlich so weit. Sie kommen nach Hause und können sich nun in aller Ruhe kennenlernen.

Endlich ist das Baby da!

Man mag diesen Winzling einfach den ganzen Tag über nur anschauen und staunt, dass dieses süße Etwas nun wirklich das eigene Baby ist, das vor ein paar Tagen noch unsichtbar im Bauch war. Genießen Sie diese erste Zeit in vollen Zügen, der Weg bis hierhin war anstrengend genug. Machen Sie sich durch zahlreiche Streichel- und Schmuseeinheiten miteinander bekannt. Wenn Sie sich jetzt keine Zeit nehmen, wann dann?

Ein Team werden

Bevor das Kind auf der Welt ist, können sich werdende Eltern kaum vorstellen, wie das wohl alles werden wird zu dritt. Ist man der Situation gewachsen, wird man sich gut verstehen? Seien Sie beruhigt – das geht jedem so. Besonders beim ersten Kind. Außerdem fahren Ihre Hormone durch die riesige Umstellung nach der Geburt Achterbahn. Man nennt diese Zeit auch Babyblues. Kein Wunder: Monatelang hat man auf diesen Zeitpunkt im wahrsten Sinne

Mein Tipp

Gönnen Sie sich zwischendurch etwas Hübsches

Gerade in den ersten Wochen nach der Geburt ist das Leben für Sie ein bisschen wie ein Marathonlauf. Sie sind vielleicht noch durch die Geburt geschwächt, müssen nachts öfters zum Wickeln oder Stillen aufstehen und sollen tagsüber trotzdem wieder fit fürs Baby sein. Da ist es ganz wichtig, dass Sie sich ab und zu etwas Gutes tun. Lassen Sie sich den Rücken massieren, lesen Sie 1/2 Stunde in einem schönen Roman (auch beim Stillen), kaufen Sie sich eine neue CD oder gönnen Sie sich zwischendurch einen Blumenstrauß. Sie werden sehen – diese Kleinigkeiten wirken wie Entspannungsinseln, aus denen Sie Kraft schöpfen.

JETZT SCHON VORBEREITEN

Behördengänge erledigen

Falls Sie und der Vater des Babys nicht verheiratet sind, kann der Papa auch schon vor der Geburt die Vaterschaft anerkennen lassen. Dies kann man beim Jugendamt, Notar, Standesamt oder Amtsgericht erledigen. Hierfür müssen Sie beide anwesend sein – in der Regel haben Familien in der ersten Zeit mit dem neuen Baby genug zu tun und es lohnt sich, diesen Behördengang schon während der Schwangerschaft hinter sich zu bringen.

Nach der Geburt müssen folgende Ämter informiert werden:
Standesamt: Die Anmeldung des Babys erledigt man am besten gleich in der Standesamtzweigstelle des Krankenhauses. Nötig dazu sind die Geburtsbescheinigung des Babys, das Familienstammbuch oder die Heiratsurkunde der Eltern bzw. die Geburtsurkunde bei Unverheirateten. Das Standesamt stellt Ihnen daraufhin eine Geburtsurkunde aus inklusive weiterer beglaubigter Kopien (braucht z.B. die Krankenkasse).

Einwohnermeldeamt: Das Baby in den Pass eines Elternteils eintragen und Steuerkarte ändern lassen.

Erziehungsgeld-Stelle: Wo Sie Erziehungsgeld beantragen könne, ist je nach Bundesland unterschiedlich. Eine Broschüre mit allen Adressen finden Sie unter www.bmfsfj.de

Arbeitsamt: Hier beantragt man das Kindergeld.

des Wortes hingearbeitet und jetzt sind Sie allzu plötzlich am Ziel angelangt. Denken Sie lieber daran, was jetzt für ein großes Glück vor Ihnen liegt, als darüber nachzugrübeln, welche Probleme in der Zukunft auftreten könnten. Vergessen Sie auch den Anspruch an sich und an das Kind, dass alles gleich perfekt nach Lehrbuch laufen muss. Schließlich kennen Sie beide sich ja noch nicht so lange und alles ist neu. Aber glauben Sie mir – nach kurzer Zeit werden Sie mit etwas Geduld und der nötigen Gelassenheit ein perfekt eingespieltes Team werden.

Wie gewöhne ich mein Baby ein?

Wenn so ein kleiner Wurm aus der Klinik nach Hause kommt, ist das eine ganz schöne Umstellung. Eine neue Umgebung mit neuen Gerüchen, ein anderes Bett, eine andere Akustik, vielleicht auch eine etwas andere Raumtemperatur. Und dann werden Sie auch mit Sicherheit zu Hause anders mit Ihrem Baby umgehen, als in der Klinik. Das tun Sie ganz ohne darüber nachzudenken. Manche Babys weinen erst einmal viel, weil sie die Veränderung nicht so gut vertragen – Babys sind eben echte Gewohnheitstiere

JETZT SCHON VORBEREITEN

Flauschige Babydecke, die nach Ihnen duftet

Ihr Baby braucht gerade für den Anfang eine schöne flauschige Babydecke (Seite 162). Wenn Sie sie ein paar Nächte lang auf Ihr Kopfkissen legen, nimmt der Stoff Ihren Geruch auf und das Baby wird sich von Anfang an sehr wohl in ihr fühlen. Manche Hebammen möchten sogar, dass man diese nach der Mama duftende Decke gleich mit zur Entbindung bringt.

JETZT SCHON VORBEREITEN

Basics anschaffen

Planen Sie am besten schon ein paar Monate vor der Geburt, was Sie alles schon unbedingt in den ersten Wochen nach der Geburt zu Hause brauchen, damit Sie in dieser stressigen Zeit nicht auch noch einkaufen müssen. Natürlich bemerkt man bei manchen Dingen erst später, welche Anschaffung noch ganz praktisch wäre. Es gibt aber ein paar Basics, die man auf jeden Fall haben sollte, um sich das Leben mit Baby so praktisch wie möglich zu gestalten (Seite 153).

Je ruhiger desto besser

Sie können sich wahrscheinlich selber denken, dass eine große Empfangsparty mit vielen Freunden und lauter Musik eher nicht so optimal ist. Ihr Baby braucht am Anfang nur Sie, viel Ruhe, Schlafen und Trinken und dann vielleicht noch ein bisschen Schmusen. Je ruhiger Sie es am Anfang angehen lassen, desto besser wird sich Ihr Kind akklimatisieren. Das Baby selbst wird Ihnen seinen Rhythmus und seine Bedürfnisse vorgeben. Durch das Stillen, Aufstoßen und Wickeln ist man ohnehin selbst für jede ruhige Minute dankbar und hat eher weniger das Bedürfnis nach Trubel und Party.

Sie können sich gar nicht vorstellen, dass Ihnen am Anfang gar nicht danach sein wird großartig auszugehen? So geht es vielen Eltern, und bei den meisten siegt die Müdigkeit. Nehmen Sie sich für die ersten Wochen nach der Geburt am besten erst nichts anderes vor – Sie werden sowieso nicht dazu kommen! Und denken Sie auch nicht daran, welche Regeln in irgendwelchen Babybü-

Mein Tipp

Babys Fortschritte beobachten

Nehmen Sie sich viel Zeit, Ihr Baby einfach zu beobachten. Wie sieht es aus, wenn es schläft? Was macht es in seinem Bettchen, wenn es aufwacht? Mag es gern baden? Die Zeit vergeht so schnell, und die Fortschritte, die Ihr Baby macht, sind so rasant, dass Sie nichts verpassen dürfen. Es lohnt sich auch, ein kleines Buch anzulegen, in das Sie die kleinen Hürden und Fortschritte Ihres Babys hineinschreiben. Beispielsweise wann es Sie zum ersten Mal angelacht hat. Auch wenn man es in dieser Zeit nicht glaubt – man vergisst später nur zu schnell solche kleinen Ereignisse.
Man kann auch ein kleines Baby-Tagebuch führen. Zugegeben – oft reicht einfach abends die Zeit dazu nicht mehr – aber selbst wenn Sie nur kurz an den Wochenenden oder während der Zeit, in der Sie stillen, etwas notieren, haben Sie ein unschätzbares Dokument dieser spannenden Zeit.

chern oder Babyzeitschriften stehen, wie oft Ihr Baby trinken darf oder Ähnliches. Seien Sie einfach Mutter und handeln Sie aus dem Bauch heraus. Ich schwöre Ihnen – Sie machen es richtig!

Was so ein Winzling alles kann

Für Außenstehende wirken Säuglinge ein bisschen langweilig: Auf den ersten Blick, denkt man sich vielleicht, kann so ein kleines Bündel nur schlafen, trinken und schreien. Das tut so ein kleines Baby zwar auch den größten Teil des Tages – allerdings werden Sie bald selbst entdecken, dass es Tag für Tag rasant dazulernt.

Babys nehmen von Beginn an ständig sämtliche Reize ihrer Umgebung wahr – sie hören, wenn Sie mit ihnen sprechen und lassen sich dadurch beruhigen, Babys können Hell und Dunkel unterscheiden, sie spüren, ob sich etwas kalt oder warm anfühlt, sie merken, wenn Sie es streicheln und liebkosen und können sich schon äußern. Mit Lauten des Wohlgefallens oder auch mit energischem Schreien, wenn ihnen etwas nicht passt, weil sie vielleicht hungrig oder müde sind oder weil ihnen kalt ist. Nach kurzer Zeit kennen Sie Ihr Baby so gut wie niemand anderes und wissen sofort, welcher Pieps was bedeutet.

Und dann ist das mit dem Trinken ja auch schon eine Leistung. Das Saugen und die Koordination des Schluckens ist schon ein kleines Phänomen – wie solche Mechanismen gleich von Geburt an klappen, ist einfach faszinierend. Es bedeutet für so ein kleines Baby

JETZT SCHON VORBEREITEN

Die Sache mit dem Namen

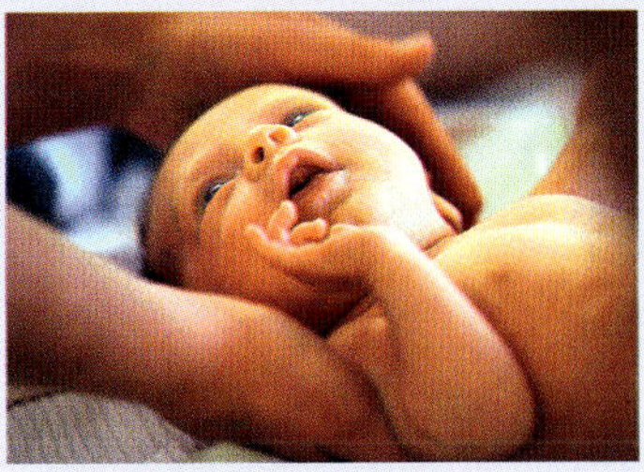

Haben Sie schon einen Vornamen für Ihr Baby ausgewählt? Hier finden Sie alle Namen aufgelistet, die in den letzten Jahren am häufigsten von Standesämtern registriert wurden:
Jungen: Leon, Maximilian, Alexander, Lukas/Lucas, Paul, Luca, Tim, Felix, David, Elias, Finn/Fynn, Jakob, Luis/Louis, Noah und Simon
Mädchen: Marie, Sophie/Sofie, Maria, Anna/Anne, Leonie, Lena, Emily, Johanna, Laura, Lea/Leah, Amelie, Charlotte, Emma, Hannah/Hanna und Luise/Louise
Unter www.beliebte-vornamen.de, www.baby-vornamen.de und www.gfds.de finden Sie jede Menge Anregungen, falls Sie noch nicht wissen, wie Ihr Schatz heißen soll.
Nachname: Wenn Sie beide nicht verheiratet sind oder als Paar nicht denselben Nachnamen tragen, müssen Sie sich für Ihre Kinder auf einen Familiennamen einigen. Diesen Namen tragen auch alle Geschwisterkinder, die später geboren werden.

übrigens körperliche Höchstleistung: an der Brust zu trinken oder eine Flaschenmahlzeit. Anschließend sind die Kleinen regelmäßig völlig geschafft und schlafen kurze Zeit später wieder ein, um sich von den Strapazen zu erholen.

Die ersten Besucher

Es ist gut verständlich, dass alle den lang ersehnten Neuankömmling möglichst bald sehen möchten – Eltern, Schwiegereltern, Geschwister, Verwandte, Freunde und Nachbarn, aber viele werdende Eltern unterschätzen den Stress, den Besucher unweigerlich mit sich bringen.

Sie bestimmen, wer kommen darf

Der Gedanke, die frisch gebackene Familie zu stressen, ist auch den meisten Besuchern fern. Das heißt aber auch, dass Sie sich selbst schützen müssen. Sie müssen sich fragen, wen und ob Sie

JETZT SCHON VORBEREITEN

Bescheid geben, wer willkommen ist

Schon kurz vor der Geburt sollten Sie Verwandten und Freunden Bescheid geben, wer sofort willkommen ist und welchen Besuch Sie lieber auf später verschieben. Das erspart Ihnen Stress, wenn Sie dem einen oder anderen schon gesagt haben, dass erst ein bisschen Zeit vergehen soll.

Mein Tipp

Schnupfennasen bleiben daheim

Bitten Sie Ihren Besuch, sich in jedem Fall zuvor die Hände zu waschen. Schnupfennasen oder Besucher mit anderen Infekten oder gar Fieber gehören nicht ins Haus, wo ein Neugeborenes lebt. Übrigens mögen die meisten Babys nicht, wenn sie von einem Arm zum nächsten gereicht werden. Sie müssen sich ohnehin erst einmal gerade an Sie und das neue Zuhause gewöhnen. Zu viel Hin und Her kann das Baby nervös machen und sich ungünstig auf sein Schlafverhalten auswirken.

Wenn es Ihnen unangenehm ist, müssen Sie Ihr Baby nicht von Besuchern anfassen lassen. Die Mutter-Kind-Bindung ist am Anfang sehr eng und ich erinnere mich noch genau an das Gefühl nach der Geburt, dass ich meine beiden Kinder auch nicht nur eine Minute weggeben wollte. Ich finde das höchst legitim und von der Umwelt zu respektieren.

überhaupt jemanden in dieser äußerst anstrengenden Zeit so dicht um sich herum gebrauchen können. Und dann ist es natürlich auch noch ein Unterschied, ob der Besuch lediglich eine halbe Stunde bleibt oder vorhat, sich für die nächsten Wochen »zu Ihrer Unterstützung« einzuquartieren.

Seien Sie lieber gleich zu Beginn ehrlich und konsequent. Das erspart Ihnen eine Menge Ärger, zumal Ihr Nervenkostüm in dieser Zeit voraussichtlich nicht das stabilste sein wird. Bleiben darf nur, wer für Sie wirklich eine Entlastung bedeutet. Ansonsten würde ich Besucher auf einige Wochen später vertrösten, da Sie sicherlich selbst alle Hände voll zu tun haben werden, den normalen Tagesablauf mit Stillen, Wickeln, Aufstoßen und Essen – zu meistern. Gute Freunde werden dies verstehen!

Wie leise müssen Sie für ein Baby sein?

Ich kann mich noch erinnern, dass mein Mann und ich bei unserem ersten Kind auf Zehenspitzen durch die Wohnung geschlichen sind, nur damit das endlich eingeschlafene Baby bloß nicht wieder aufwacht. Und dann – beim geringsten Niesen – ist es dann plötzlich doch passiert. Sie haben aber auch Ohren wie ein Luchs, die Kleinen. Irgendwann war es dann so weit gekommen, dass wir während der Schlafenszeiten nur noch ruhig im Wohnzimmer saßen und uns nicht mehr zu tun trauten. Jedesmal, wenn das Telefon klingelte, hielten wir die Luft an. Von Tag zu Tag wurde unser Baby geräuschempfindlicher und wir nervöser.

▲ Pst – Baby schläft? Nicht nötig!

Beim nächsten Kind war die Situation schon von Anfang an völlig anders. Eigentlich gab es ohnehin schon keine völlige Stille mehr in unserem Haus, da das große Kind ständig herumquakte – und ganz bestimmt besonders dann, wenn das Baby gerade eingeschlafen war. Aber – oh Wunder – es wachte ja gar nicht auf. Und noch besser – es schien erst richtig ruhig zu schlafen, wenn

Mein Tipp

Stimmen und Geräusche tun Babys gut

Solange sich Ihr Baby noch in Ihrem Bauch befindet, ist es auch nicht völlig leise, wenn es schläft. Es hört Ihre Stimme und alle anderen Umgebungsgeräusche auch. Wenn es dann plötzlich das Licht der Welt erblickt, tut ihm die Nähe Ihrer Stimme sogar gut, wenn es schläft, weil dies für es Sicherheit und Geborgenheit bedeutet. Völlige Stille löst in ihm eher Angst und das Gefühl allein gelassen zu werden aus.

die anderen Familienmitglieder sich in seinem Schlafraum oder in Hörnähe aufhielten. Anscheinend gab ihm das Sicherheit. Auch Telefonklingeln und Ähnliches waren ihm schnuppe, wenn es einmal eingeschlafen war.

Sie hätten wahrscheinlich aus dieser Erfahrung denselben Schluss gezogen wie ich – zu leise sein ist nicht gut fürs Baby. Das bedeutet natürlich nicht, dass Sie bewusst jedesmal das Radio aufdrehen sollten, wenn es gerade eingeschlafen ist! Leben Sie einfach ganz normal weiter, wenn es schläft und Sie werden sehen, wie entspannt die Schlafphasen für Sie und Ihr Baby werden.

Das Baby schreit

Sie können sich nicht vorstellen, warum manche Mütter das Geschrei ihres Neugeborenen nicht ertragen und sofort aufspringen, um das Baby zu beruhigen? Glauben Sie mir, selbst wenn Ihnen bisher Babygeschrei überhaupt nichts ausgemacht hat und Sie völlig kalt ließ – mit Ihrem eigenen Baby wird es etwas völlig anderes sein.

Sobald es nur anfängt zu weinen, werden Ihre elterlichen Alarmglocken anschlagen und in Ihnen ein Mitleidsgefühl auslösen, das nur den einen Wunsch zeigt: »Ich muss diesem kleinen armen Wurm unbedingt helfen, damit er nicht mehr länger so leiden muss«. Was man bisher bei anderen Eltern eher schmunzelnd mit Distanz beobachtete, passiert Ihnen jetzt selbst. Sie werden diejenigen sein, die fluchtartig das Restaurant verlassen, weil das Kleine nicht mehr zu schreien aufhört und Sie werden Ihr Baby nachts herumtragen, weil es durch nichts auf der Welt zu beruhigen ist. Dennoch kann ich Sie trösten: Das Schreien eines Babys hat in der

Regel ganz handfeste Gründe. Es hat Hunger, eine volle Windel oder ist müde. Wenn Sie diese drei Ursachen ausschließen, haben Sie anschließend in mindestens drei Viertel aller Fälle ein ruhiges zufriedenes Baby. Manchmal ist es auch einfach Langeweile oder der Wunsch nach Nähe. Dagegen hilft Herumtragen oder ein paar Streicheleinheiten.

Varianten des Schreiens

Nach und nach werden Sie an der Art des Schreiens sehr genau unterscheiden können, warum Ihr Baby schreit. Das Schreien ist nämlich bei allgemeinem Unwohlsein ganz anders, als wenn es plötzlich Schmerzen hat, weil es sich z.B. gerade weh getan hat. Dann ist es ein Schreien, dass Sie sofort alles stehen und liegen lassen werden, um augenblicklich zu Ihrem Baby zu stürzen. Doch Schreien ist das einzige Ausdrucksmittel des Babys, um sich bemerkbar zu machen. Woran würden Sie sonst auch erkennen, dass es etwas braucht, oder dass irgendetwas nicht stimmt? Besonders,

JETZT SCHON VORBEREITEN

Entspannung? Ja, bitte!

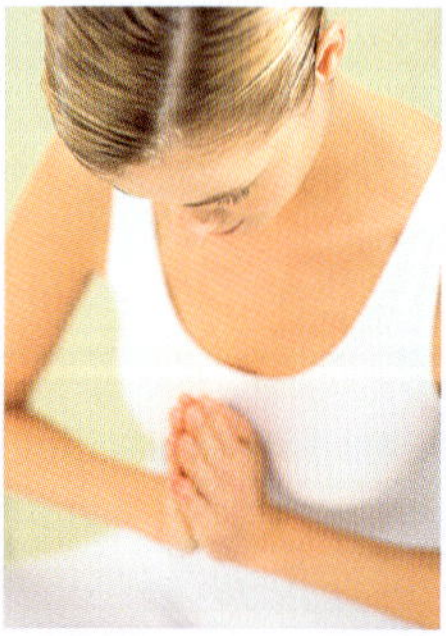

Wenn das Baby erst mal da ist, haben Sie nicht mehr das ganze Wochenende, um sich auf dem Sofa zu entspannen. Die Phasen, in denen es schläft, sollten Sie daher nutzen, um in Windeseile wieder zu Kräften zu gelangen. Am besten funktioniert das mit einer Entspannungstechnik wie beispielsweise Autogenem Training, Muskelrelaxation nach Jacobson oder Yoga. Kurz abzutauchen und kraftvoll wieder aufzuerstehen, glauben Sie mir, davon träumt jede Mutter. Vielleicht belegen Sie noch schnell einen Kurs an der Volkshochschule?

Mein Tipp

Bauchweh

In den ersten drei Monaten schreien Babys auch häufig wegen Bauchschmerzen und Blähungen – die Drei-Monats-Koliken (Seite 89). Besonders in den Abendstunden werden die Kleinen dadurch gequält. Ein bis zwei Stunden nach den Mahlzeiten beginnen die Babys plötzlich jämmerlich zu schreien und ziehen dabei ihre Beinchen an. Dagegen helfen Bauchmassagen um den Nabel herum in Uhrzeigersinn oder Herumtragen des Babys auf dem Unterarm mit dem Bauch nach unten. Zum Glück verschwindet dieses Problemchen in der Regel innerhalb der ersten drei bis vier Monate wieder von selbst.

wenn ein Baby krank ist, werden Sie es häufig als Erstes daran erkennen, dass es mehr schreit als sonst. Vielleicht bekommt es Fieber oder hat Ohrenschmerzen oder es fühlt sich allgemein unwohl. Schreien lassen als Erziehungsmaßnahme ist natürlich, insbesondere wenn das Baby krank ist, nicht angebracht.

Wie oft werden Babys gebadet?

Schmutzig werden Babys ohnehin nicht. Außerdem würde es auch ausreichen, ein Baby in den ersten Wochen nur im Windelbereich mit einem Waschlappen zu säubern. Andererseits schadet das Baden auch nicht – vorausgesetzt der Nabel ist schon abgefallen oder zumindest nicht mehr nässend. Dann nämlich könnten Keime im Wasser in den Körper gelangen.

Baden ist Typsache

Manche Babys genießen ein warmes Bad, da es sie an das Gefühl im Mutterleib erinnert. Wenn Sie solch ein Baby bekommen, wird es Ihnen und Ihrem Baby beiderseits Vergnügen bereiten und Sie

Mein Tipp

Baden als Einschlafhilfe

Bei sehr unruhigen Babys wirkt ein warmes Bad abends manchmal als Einschlafhilfe. Empfehlenswert ist, das Bad zeitlich vor die letzte Mahlzeit zu legen, so dass Sie im Anschluss stillen oder die Flasche geben. So angenehm entspannt und satt lässt das Baby prima einschlafen.

können, sofern es keine trockene Haut hat, ruhig einmal am Tag baden. Nicht zu lange: ungefähr fünf bis zehn Minuten und mit einem Schuss rückfettendem Badezusatz (Seite 163). Die Wassertemperatur sollte zwischen 36 und 37 Grad liegen. Zum Überprüfen der Temperatur eignet sich am besten Ihr Ellenbogen oder ein Badethermometer (Seite 163).

Wichtig ist, dass das Kleine nicht auskühlt. Deshalb sollten Sie auch so viel Wasser in die Badewanne füllen, dass Sie Ihr Baby auf Ihrem Unterarm liegend mit dem ganzen Körper, den Kopf ausgenommen, untertauchen können. Mit der anderen Hand kann man es dann bequem mit einem Waschlappen sanft abreiben. Sie können auch die Haare mitwaschen. Legen Sie schon vor dem Baden ein warmes Handtuch zurecht, mit dem Sie das Baby anschließend schnell abfrottieren können. Das wirkt übrigens wie eine Massage und fördert die Hautdurchblutung. Sie brauchen auch anschließend keine Körpercremes verwenden, wenn Sie zuvor einen rückfettenden Badezusatz verwendet haben. Achtung: Füttern direkt vor dem Baden macht manchmal Bauchschmerzen.

Manche Babys finden Baden ganz fürchterlich
und beginnen schon beim Anblick des Wassers zu schreien. Wenn Ihr Baby so wasserscheu veranlagt sein sollte, würde ich nur ein- bis zweimal pro Woche baden, um das Baby nicht unnötig zu belasten. Wie gesagt – Baden muss nicht unbedingt sein.

JETZT SCHON VORBEREITEN

Badewanne, Badezusatz und Waschlappen

Bevor das Baby kommt, brauchen Sie eine Babybadewanne (Seite 162) und rückfettenden Badezusatz (z. B. mit Calendula von Weleda). Anfangs kann man die Kleinen allerdings auch prima im Waschbecken und später in der großen Wanne baden. Waschlappen sind ein bisschen aus der Mode gekommen – Sie werden jedenfalls etwa ein Dutzend benötigen, auch um den Po beim Wickeln zu säubern (Seite 170). Seit einigen Jahren gibt es übrigens speziell für Babys entwickelte Babybadeeimer (Seite 162), in die man die Kleinen zum Baden hineinsetzt. Es soll ihnen ein Mutterleibsgefühl vermitteln. Außerdem fühlen sich die meisten Babys in dieser sitzenden Position sehr wohl.

Die Sache mit dem Nabel

Nach der Geburt wird der Nabel mit einer Plastikklemme abgeklemmt. In den ersten Lebenstagen trocknet dieses Reststück dann allmählich ein und fällt dann meist zwischen dem siebten und 14. Lebenstag ab. Da es die direkte Verbindung zwischen Ihnen und Ihrem Baby war und quasi noch einen unverschlossenen Zugang darstellt, haben frische Eltern großen Respekt davor, hier irgendetwas falsch oder gar kaputt zu machen. Seien Sie unbesorgt – aus dem Nabel kann nichts mehr heraus- und von außen nichts mehr hineingelangen. Wenn der Nabel noch nicht abgefallen ist, ist es ratsam, die Windel unterhalb des Nabels zu schließen, da es sonst durch Urin oder Stuhl zu Verunreinigungen kommen kann. Auch sonst sollte man sich stets sorgfältig die Hände waschen.

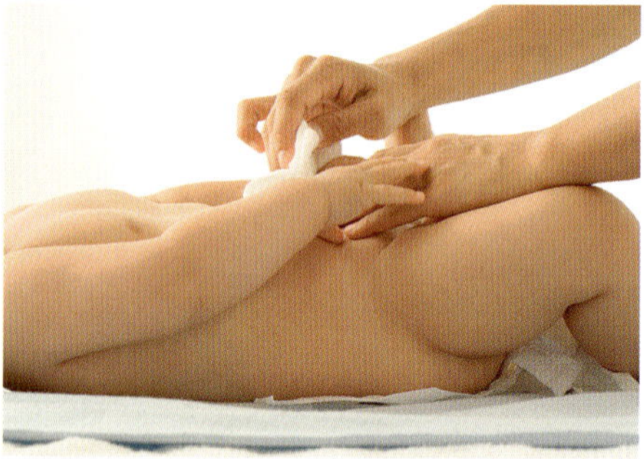

▲ Der Nabel soll sauber und trocken sein.

Eigentlich benötigt der Nabel keine besondere Pflege:
Er sollte nur stets sauber und trocken sein. Wenn der Nabel in den ersten Tagen noch etwas nässt, kann man ihn regelmäßig mit einem Hautdesinfektionsmittel mithilfe eines Wattestäbchens reinigen. Sie können auch locker zum Schutz ein Mullläppchen darüberkleben. Allerdings muss der Nabel genügend Luftzufuhr haben, damit er gut abtrocknen kann. Wenn die Haut um den Nabel herum zu Beginn ein wenig gerötet ist, hilft eine regelmäßig aufgetragene Wundschutzsalbe (Seite 171).

Mein Tipp

Entzündungshemmende Arnikatinktur

Wenn der Nabelrest gerade frisch abgefallen ist, betupfen Sie den verbleibenden Nabelgrund in den ersten zwei bis drei Tagen danach mit Arnikatinktur aus der Apotheke (Seite 162). Arnika wirkt entzündungshemmend und kann Infektionen vorbeugen. Wenn der Nabel nicht mehr nässt, darf gebadet werden.

Mit dem Baden würde ich warten, bis der Nabel vollständig abgefallen ist oder zumindest nicht mehr nässt oder blutet, damit es zu keiner Infektion über Wasserkeime kommen kann. Ihr Baby hat ja noch keinen Tetanusschutz!

Schnullern ist Geschmackssache

Schnullern ist bei den Babys Geschmackssache. Die einen haben von Anfang an so ein starkes Saugbedürfnis, das mit alleinigem Stillen gar nicht zu befriedigen ist und nur die Brustwarzen wund macht. Außerdem sind sie sofort zufriedenzustellen, sobald man ihnen einen Schnuller in den Mund stopft. Der Nachteil ist nur, dass Schnuller nachts öfter verloren gehen und das Baby erst dann aufhört zu schreien, wenn man aufgestanden ist und ihm den Schnuller wieder in den Mund gesteckt hat.

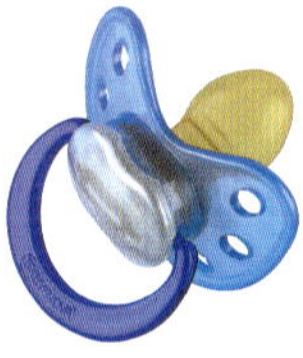

Neue Studien zeigen auch noch bei Schnullerbabys einen gewissen Schutz gegen den plötzlichen Kindstod. Aber da gibt es auch noch die zweite Gruppe, die von vornherein jeden Schnuller im hohen Bogen ausspuckt. Da kann die Schwiegermutter hundertmal sagen, sie hätte ja schon längst einen Schnuller bei dem plärrenden Balg ausprobiert

– wenn es ihn aber nicht mag? Diese Babys zu trösten ist oft wesentlich schwieriger. Belohnt werden die Eltern dieser Gruppe mit ihrem Vorteil erst wesentlich später, wenn die Schnuller-Eltern Erziehungshelfer kaufen, um mit zwei bis drei Jahren den Schnuller allmählich wieder mühsam loszuwerden.

Die Sache mit den Zähnen

Dass Schnullerbabys öfter Probleme mit der Zahnstellung haben, ist bekannt. Allerdings reagieren Babys bei rigorosem Schnullerentzug oft mit Ersatz-Daumenlutschen, was sich wesentlich schlechter auf die Zähne auswirkt. Außerdem braucht man sich wegen

JETZT SCHON VORBEREITEN

Schnullerkauf

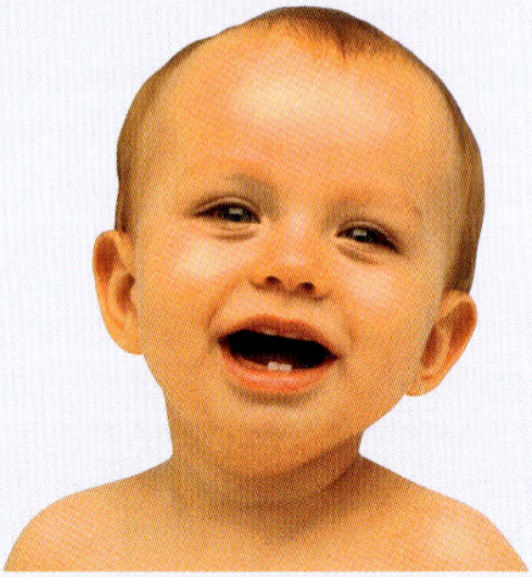

Achten Sie beim Kauf eines Schnullers darauf, dass er kiefergerecht geformt und an der Unterseite abgeflacht ist. Es gibt Latex- und Silikon- und Kautschuksauger (Seite 168). Latexsauger sind zwar sehr elastisch und reißfest, müssen aber etwa alle vier Wochen ausgetauscht werden, da sie sich durch Kochen abnützen. Silikonsauger halten dem Kochen besser Stand, sind aber leichter zu zerbeißen und deshalb für ältere Kinder nicht mehr geeignet. Sauger aus Kautschuk sind besonders haltbar und gut geeignet für Kinder, die schon Zähne haben. Es gibt auch unterschiedlich große Sauger, je nach Alter des Babys. Achten Sie unbedingt beim Kauf auf die Altersangabe.

JETZT SCHON VORBEREITEN

Babyschere

Eine abgerundete Säuglingsnagelschere gibt es in jedem Drogeriemarkt zu kaufen (Seite 167). Sie kostet nicht mehr als normale Nagelscheren auch und sollte unbedingt zur Erstausstattung gehören. Tipp: Wenn Sie Ihr Baby vor dem Nägelschneiden baden, sind die Nägel weicher und das Schneiden geht müheloser.

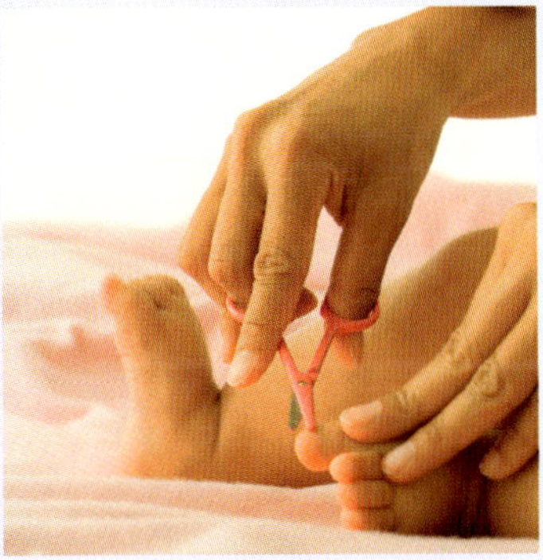

der Zähne keine Sorgen machen, wenn Sie den Schnuller mit zwei Jahren wieder allmählich abgewöhnen und ihn mehr und mehr nur als kurze Einschlafhilfe gebrauchen. Freuen Sie sich einfach, wenn Ihr Baby sich selbst beruhigen kann.

Wann muss man die Nägel schneiden?

Ich bin der Ansicht, dass man nicht generell sagen kann, dass mit so und so vielen Wochen zum ersten Mal die Nägel bei einem Neugeborenen geschnitten werden sollten. Manche Babys kommen schon mit sehr langen Nägeln zur Welt. Wenn man sie ihnen nicht sofort schneidet, zerkratzen sie sich das Gesicht. Am besten nimmt man eine speziell für Babys gefertigte runde Säuglingsnagelschere und schneidet die Nägel an Händen und Füßen vorsichtig etwas ab. Achten Sie darauf, dass dabei keine scharfkantigen Ecken stehen bleiben. Wichtig ist auch, die Nägel nicht zu kurz zu schneiden, da Sie sonst unter Umständen das Nagelbett verletzen können. Schneiden Sie lieber sparsam ab und dafür häufiger. Nun ist die Sache mit dem Nägelschneiden leichter gesagt, als getan. Sie haben ja ohnehin ständig Sorge, in diese winzigen Fingerchen und Zehen hineinzuschneiden und dann zappelt das Baby auch noch die ganze Zeit herum! Nägelschneiden ist ein bisschen wie auf einem Schwebebalken zu balancieren. Am besten riskieren Sie nichts und warten bis Ihr kleiner Schatz schläft. Dann geht nämlich alles viel einfacher und entspannter.

Warum schwillt Babys Brust an?

In den letzten Schwangerschaftswochen bildet Ihr Körper Hormone, die für die spätere Milchbildung notwendig sind und eine Vergrößerung der Brust bewirken. Da sie mit der Muttermilch auf das Baby übergehen, kann es sein, dass beim Neugeborenen die Brustdrüsen anschwellen und sich zeitweise sogar ein wenig Milch daraus entleert. Diese Erscheinung ist völlig harmlos, kann den Babys aber ab und zu ein wenig wehtun, insbesondere wenn Kleidung daran scheuert. Dagegen helfen kleine Wattepads, die man dem Baby auf die Brustwarzen legt. Man kann auch bei Schwellungen, die überwärmt und rot sind, kühlende Umschläge mit einem feuchten Tuch machen. Zusätzlich wirken ein paar Tropfen Lavendelöl darauf wohltuend. Aber seien Sie unbesorgt – nach maximal ein bis zwei Wochen verschwinden diese Symptome allmählich wieder ganz von alleine.

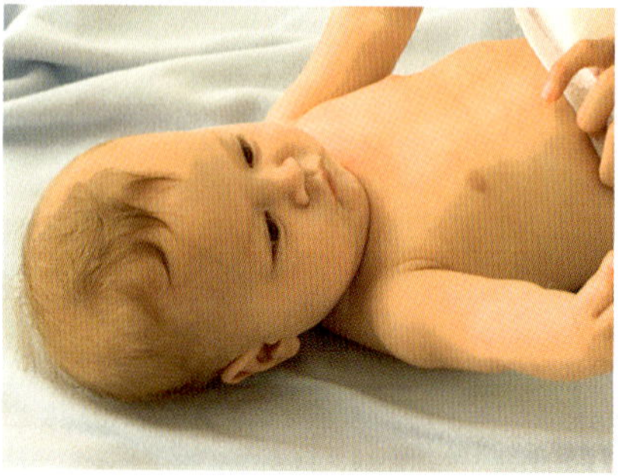

▲ Eine geschwollene Brust ist nichts Ungewöhnliches.

Mein Tipp

Quarkwickel

Gegen überwärmte geschwollene Brustdrüsen helfen auch Quarkwickel, ähnlich wie bei einer Brustentzündung einer stillenden Frau. Man nimmt dafür zimmerwarmen Magerquark und streicht ihn fingerdick jeweils auf zwei Wattepads auf. Anschließend wird diese über die Brustwarzen des Babys gelegt und dort für ca. 20 Minuten belassen. Das kühlt und lindert den Schmerz.

Die erste Windel ist voll

Wenn das Neugeborene zum ersten Mal Stuhlgang hat, sieht dieser schwarz-grünlich und klebrig aus. Das ist völlig normal, da der Darminhalt sich ja bisher nur aus verschlucktem Fruchtwasser, feinen Härchen, abgestorbenen Hautzellen usw. zusammengesetzt hat. Wenn das Baby dann die erste Milch bekommt, scheidet es diese Masse aus. Manchmal ist es gar nicht so einfach, den Po des kleinen Wurms danach zu säubern. Am besten geht es mit warmem Wasser und etwas Öl. Mit jedem Stuhlgang ähnelt von nun ab das Aussehen des Stuhl mehr und mehr dem normalen Säuglingsstuhl, nämlich weich und gelblich gefärbt bei Muttermilchstuhl bis zu eher grünlich bei HA-Milch. In ein bis drei Tagen hat sich meistens die Verdauung richtig eingespielt und es kommt nur noch Milchstuhl.

Papier-oder Stoffwindeln?

Kennen Sie auch werdende Mütter, die sich anfangs fest vorgenommen haben, Stoffwindeln zu benutzen und später schnell auf Papierwindeln umgestiegen sind? Beide Windelsysteme haben Vorteile und letztendlich hängt es davon ab, wie viel Zeit Sie investieren möchten.

JETZT SCHON VORBEREITEN

Windeldienst beauftragen

Wenn Sie sich entschlossen haben, Stoffwindeln zu benutzen, diese aber nicht selber waschen möchten, können Sie einen sehr praktischen Windeldienst mit der Reinigung beauftragen (Seite 171). Dieser Service holt Schmutzwäsche bei Ihnen zu Hause ab und liefert saubere Windeln.

Bei den Mehrwegwindeln handelt es sich um Baumwollhöschen und passenden Überhosen als Nässeschutz (Seite 171). Der Vorteil liegt hier im deutlich geringeren Müllabfall verglichen mit den Papierwindeln. Außerdem vertragen diese Art von Windeln manchmal Kinder mit sehr empfindlicher Haut besser, da die verwendeten Materialien luftdurchlässig sind. Papierwindeln sind dagegen äußerst praktisch und ideal für unterwegs. Die Entscheidung liegt bei Ihnen und Sie können in keine Richtung etwas falsch machen.

Mein Tipp

Wie man den Po pflegt

Den Po dick mit Creme einzuschmieren nach jedem Wickeln, ist schon lange überholt. Weniger ist hier mehr. Durch eine dichte Fettschicht kann die Haut nämlich nicht atmen und es entstehen erst recht Entzündungen. Dennoch ist ein bisschen Pflege wichtig, da so ein zarter Popo ja tagtäglich allerlei scharfen Substanzen ausgesetzt wird. Am besten ist Waschen mit lauwarmem Wasser, anschließend abfrottieren und zum Schluss noch mit einer dünnen Schicht Pocreme einreiben (Seite 167).

Warum manche Babys gelb werden

Da die Leber bei neugeborenen Babys noch nicht ganz auf Volltouren läuft, kann der Blutfarbstoff teilweise noch nicht vollständig abgebaut werden, wodurch eine Zeitlang ein Zwischenprodukt im Körper verbleibt, das die Haut und die Bindehäute im Auge gelblich verfärbt. Dies geschieht normalerweise in der Zeit vom dritten bis sechsten Lebenstag und verschwindet dann allmählich wieder. Nur in extremen Fällen müssen die Babys eine Weile mit Fototherapie behandelt werden. Dabei werden sie mit einem Licht einer ganz bestimmten Wellenlänge bestrahlt, das den Abbau der gelbfärbenden Substanz beschleunigt.

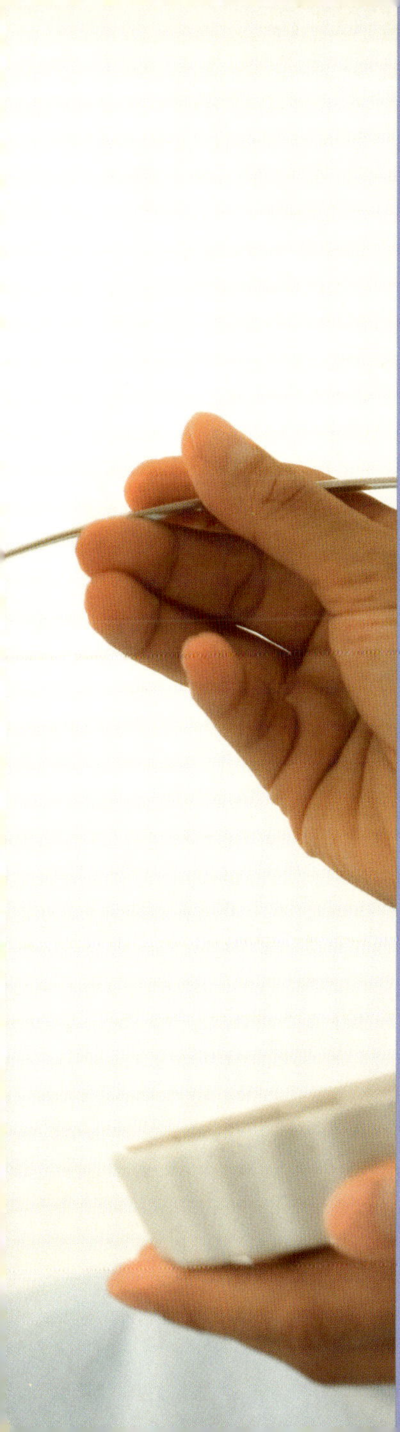

Baby-Ernährung: Stillzeit und der erste Brei

Kaum auf der Welt und schon bekommt das Baby zum ersten Mal die Brust. Wie die Stillzeit mit Ihrem Baby ganz unproblematisch wird und was zu beachten ist, wenn Sie es mit Fertigmilch füttern und wann das Baby den ersten Brei bekommt, das erfahren Sie im folgenden Kapitel.

Warum Muttermilch so gut ist

Sie können es sich überhaupt nicht vorstellen, in einem Café zu sitzen, Ihren blanken Busen zu zeigen und das Kind in aller Öffentlichkeit zu stillen? Keine Sorge, wenn Sie aktiv sind, dann wird sich das ganz von alleine ergeben.

▲ Muttermilch versorgt Ihr Baby optimal.

Außer Zweifel steht inzwischen, dass Muttermilch die beste Nahrung für Ihr Baby ist. Zum einen ist sie optimal den Bedürfnissen Ihres Babys angepasst: Sie verändert ihre Inhaltsstoffe je nach Alter des Babys in seiner Zusammensetzung, sodass der Nährstoffbedarf immer optimal abgedeckt ist. Außerdem enthält sie wertvolle Antikörper, die das Baby vor Infektionen schützt.

Muttermilch ist stets wohltemperiert, keimfrei und sofort verfügbar. Verschiedene Studien belegen bei sechs Monate lang gestillten Babys auch einen gewissen Schutz gegen Allergien, Übergewicht und Diabetes. Frauen, die gestillt haben, erkranken seltener an Brust- und Eierstockkrebs. Neben diesen vielen rein medizinischen Vorteilen entsteht durch das Stillen eine intensive Bindung zwischen Mutter und Baby. Durch diese innige Nähe wird ein Vertrauen geschaffen, von dem das Kind noch ein Leben lang zehren wird. Während Sie stillen, nehmen Sie sich ausschließlich Zeit für Ihr Baby. Nichts beruhigt ein Neugeborenes so, wie an die Brust angelegt zu werden. Empfohlen wird, sechs Monate lang ausschließlich zu stillen. Auch wenn dem Baby anschließend Brei zugefüttert wird, sollte bis zum ersten Geburtstag noch parallel weitergestillt werden.

Stillen klappt fast immer

Man kennt Sie einfach, diese schaurigen Geschichten von schmerzhaften Milchstaus und Entzündungen, dabei gibt es wirklich nur ganz wenige Fälle, in denen Stillen nicht funktioniert. Dies liegt im Übrigen an ganz anderen Dingen, z.B. wenn die Mutter wegen einer Erkrankung bestimmte Medikamente einnehmen muss. Ein anderer triftiger Grund ist, dass die Mutter schnell wieder zurück möchte ins Berufsleben. Aber auch dann kann sie häufig zumindest in den ersten Wochen stillen.

JETZT SCHON VORBEREITEN

Was Sie zum Stillen brauchen

Eigentlich haben Sie grundsätzlich schon immer das Wichtigste, nämlich die Brust, dabei. Um sich das Stillen aber möglichst angenehm und komfortabel zu machen, sollte man sich dafür ein paar nützliche Accessoires zulegen. Dazu zählt z.B. ein Still-BH (eine Nummer größer als bisher), den man bequem auf beiden Seiten vorne öffnen kann. Da oft nach dem Stillen noch etwas Milch nachläuft oder die Brust auch zwischendurch regelrecht überlaufen kann, sind sogenannte Stilleinlagen (Seite 169) sehr praktisch, die man unter den BH auf die Brustwarzen legt. Es gibt sie luftdurchlässig aus Seide oder Wolle zum Selberwaschen oder aus einem weichen, wattierten Material für den Einmalgebrauch. Geschickt ist auch ein speziell geformtes Stillkissen (Seite 169), auf das Sie Arm und Baby während des Stillens abstützen können.

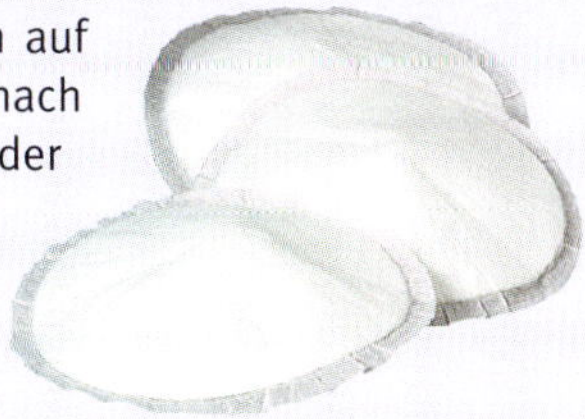

Die Milch unmittelbar nach der Geburt (Kolostrum) ist besonders an die Bedürfnisse des Babys angepasst, da sie weniger Zucker, Fett und Eiweiß enthält und außerdem viele Abwehrstoffe bereithält. Leider ist bei uns das Stillen eine Zeitlang sehr verpönt gewesen. Außerdem haben viele Frauen immer noch wenig Vertrauen: Sie haben Sorge, bei ihnen würde das mit dem Stillen bestimmt nicht klappen oder sie hätten gewiss zu wenig Milch, da ja bisher alle in der Familie mit der Flasche groß geworden seien. Wenn Sie am Anfang noch etwas unsicher sein sollten oder Unterstützung brauchen, fragen Sie Ihre Hebamme. Auch in schwierigen Fällen, wenn in den ersten Tagen z.B. so gar keine Milch kommen mag oder wenn die Brustwarzen vom häufigen Nuckeln des Babys gleich wund werden, wissen Hebammen fast immer einen Trick oder Rat, sodass mit ein bisschen Geduld schließlich alles bestens funktioniert.

Probleme mit den Brustwarzen

Die Brustwarzen mancher Frauen sind sehr flach oder wölben sich sogar nach innen. In den meisten Fällen schafft es das Baby beim Saugen trotzdem, die Brustwarze nach außen zu richten. Nur in wenigen Fällen bekommen die Babys beim Trinken die Warze schlecht mit dem Mund zu fassen. Auch das bedeutet aber in der Regel kein Hindernis. Es gibt in der Apotheke Brustformer (sogenannte Schilder), die man eine Zeitlang vor dem Stillen auf die Brust setzt

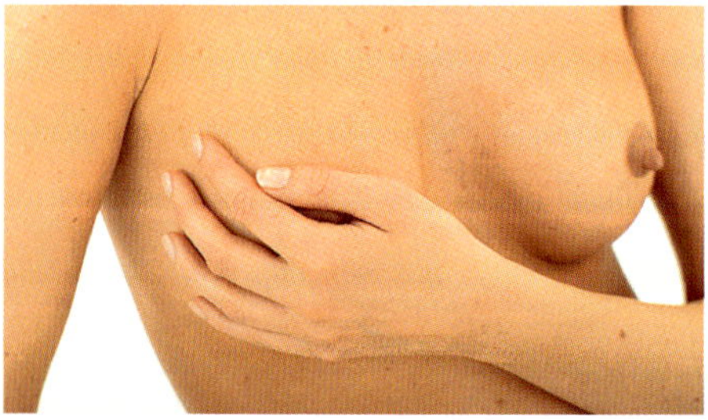

▲ Manche Frauen benötigen zum Stillen sog. Stillhilfen.

(Seite 163). Durch die Körperwärme entsteht ein Vakuum, wodurch sich die Brustwarzen aufrichten.

Außerdem kann man zusätzlich Stillhütchen verwenden, die man während des Stillens auf die Brust setzt. Da bei dauerhafter Anwendung von Stillhütchen die Milchmenge zurückgehen kann, weil das direkte Saugen mit Hautkontakt fehlt, ist es wichtig darauf zu achten, dass das Material möglichst dünn ist und ab und zu das Stillen auch ohne Stillhütchen versucht wird.

JETZT SCHON VORBEREITEN

Stillhilfen besorgen

Sollten Sie sehr flache Brustwarzen haben, können Sie sich vorab schon einmal Brustformer und Stillhütchen aus der Apotheke anschaffen. Fragen Sie Ihre Hebamme, falls Sie sich nicht sicher sind, ob Sie diese Hilfsmittel benötigen (Seite 169, 163).

Wann kommt die Milch?

Erst wenn Ihr Baby zum ersten Mal an Ihrer Brust saugt, schüttet Ihr Körper zwei Hormone aus, die die Milchproduktion und das Herauspressen der Milch aus den Milchdrüsen in der Brust anregen. Deshalb ist es auch so wichtig, dass Sie Ihr Baby gleich nach der Geburt immer wieder anlegen. Nur dadurch wird die weitere Produktion dieser Milch-Hormone angekurbelt. Wenn in den ersten Tagen noch sehr wenig Milch kommt, ist dies völlig normal und kein Grund zur Sorge.

Wichtig ist, dass Sie ausreichend trinken und möglichst entspannt an die Sache rangehen – starke psychische Anspannung kann die Milchbildung hemmen. Manchmal sind beide nach der Geburt noch so k.o., dass keiner die Kraft zum Stillen, beziehungsweise Trinken aufbringt. Nach den ersten Stunden bis Tagen kommt dann aber allmählich alles in Gang. Das Baby nimmt durch diese kleine Durststrecke am Anfang keineswegs Schaden. Das Wunderbare ist auch, dass sich Ihr Körper an den Milchbedarf Ihres Babys anpasst. Ihre Brust produziert also immer genau so viel Milch wie Ihr Baby gerade benötigt. Wenn es bei einer Mahlzeit nicht ganz satt geworden ist, wird es schneller wieder hungrig sein, sodass Sie es früher und damit insgesamt häufiger anlegen werden. Je mehr Ihr Baby saugt, desto mehr wird von dem milchbildenden Hormon gebildet, sodass Sie mit der Zeit auch mehr Milch haben werden. Wenn Ihre Brust einmal zu viel produziert und Ihr Baby die Brust nicht mehr ganz leer saugt, wird umgekehrt allmählich die Milchbildung wieder gedrosselt.

▲ Entspannt zu bleiben beim Stillen ist wichtig.

Wie oft soll man stillen?

Am Anfang kann man sich nur schwer vorstellen, dass plötzlich Milch aus der eigenen Brust kommen soll. Noch schwerer vorstellbar ist, dass das Kleine davon auch noch satt werden soll. Woran merkt man überhaupt, dass so ein kleines Baby hungrig und wann es satt ist? Die Sache ist ganz einfach: In den ersten Tagen bedeutet Schreien nach dem Aufwachen fast immer Hunger und das alle zwei bis drei Stunden. Manche Babys fassen sich auch mit den Fäustchen in den Mund. Wenn Sie es dann an die Brust anlegen und es sofort zu saugen beginnt, ist dies ein sicheres Indiz dafür, dass es hungrig war. Nach zehn bis zwanzig Minuten Stillen ist es in der Regel satt und meist schon so erschöpft davon, dass es kurze Zeit danach wieder einschläft. Auch wenn am Anfang noch nicht so viel Milch kommt, genügt die Menge dem Baby.

▲ Am Anfang hat das Baby noch keinen Trinkrhythmus.

Stillen nach Babys Bedarf

Seien Sie unbesorgt und stillen Sie, wenn das Baby schreit und wieder trinken möchte. Allmählich wird Ihre Brust genau so viel Milch bilden, wie Ihr Baby benötigt. Am Anfang gibt es noch keinen festen Rhythmus. Erst nach den ersten vier Wochen wird Ihr Baby etwa alle drei bis vier Stunden hungrig werden. Versuchen nicht Sie einen bestimmten Rhythmus festzulegen, sondern richten Sie sich nach Ihrem Baby. Jedes Baby ist verschieden. Aber auch wenn sich nach und nach eine gewisse Regelmäßigkeit einstellt, wann Ihr Baby trinken mag, wird es von Zeit zu Zeit wieder Ausnahmen geben, wenn es z.B. gerade krank ist oder durch einen Wachstumsschub gerade mehr Energie braucht.

Mein Tipp

Braucht das Baby zusätzlich Tee?

Normalerweise bekommt Ihr Baby mit der Muttermilch gleichzeitig ausreichend viel Flüssigkeit zu trinken. Wenn Sie ihm zwischendurch Tee anbieten würden, kann es sein, dass es für die nächste Milchmahlzeit nicht durstig genug ist und dadurch insgesamt zu wenig Milch trinkt. Außerdem wird sein Rhythmus mit den Milchmahlzeiten durcheinander geraten. Lediglich, wenn Ihr Baby z.B. durch einen Magen-Darm-Infekt zu viel Flüssigkeit verliert, kann es sein, dass Ihr Kinderarzt Ihnen das Zufüttern von Tee mit Zusatz besonderer Salze empfiehlt. Ein Zeichen, dass Ihr Baby genügend zu trinken bekommt, ist übrigens auch, wenn es regelmäßig eine nasse Windel liefert.

Welche Stillposition ist am besten?

Stillende Mütter auf Partys oder im Restaurant – gerade wenn die Babys schon ein paar Monate alt sind, scheint das Stillen keine große Sache mehr zu sein. Auch wenn für Sie das Stillen später selbst mitten im Kaufhaus kein Problem mehr sein wird, nehmen Sie sich am Anfang Zeit dafür. Nach einigen Wochen klappt das Anlegen an die Brust bei fast allen Frauen, doch am Anfang treten häufiger ein paar kleinere Problemchen auf, bis das Mutter-Baby-Team so richtig eingespielt ist.

Es sieht ja eigentlich ganz leicht aus, wenn man anderen stillenden Frauen dabei zusieht – aber Sie werden selbst schnell merken, dass auch dabei ein wenig Übung erforderlich ist. Das A und O ist zunächst einmal, dass Sie sich alles so bequem wie möglich machen. Suchen Sie sich irgendwo ein ruhiges Plätzchen, das Sie ja voraussichtlich in Zukunft öfter aufsuchen werden. Da Sie ausreichend trinken sollen (Seite 48), ist ein Glas Wasser oder eine Tasse Tee beim Stillen auch empfehlenswert. Wichtig ist auch, wie Sie sitzen. Hilfreich ist ein Hocker unter den Füßen, sofern Sie im Sitzen stillen. Den Arm, auf dem Ihr Baby liegt, sollten Sie mit einem Kissen (optimal ist ein Stillkissen) oder einer Lehne unterstützen. Mit der anderen Hand führen Sie die Brust zum Gesicht Ihres Babys. Dabei liegt Ihr Baby eng an Ihrem Körper, sodass Sie sich nicht mit dem Oberkörper herunterbeugen müssen. Das gibt sonst Rückenschmerzen. Achten Sie darauf, dass Ihr Baby Ihre Brustwarze immer ganz mit seinem Mund umschließt. Ansonsten kann Ihre Brustwarze Druck- und Wundstellen bekommen.

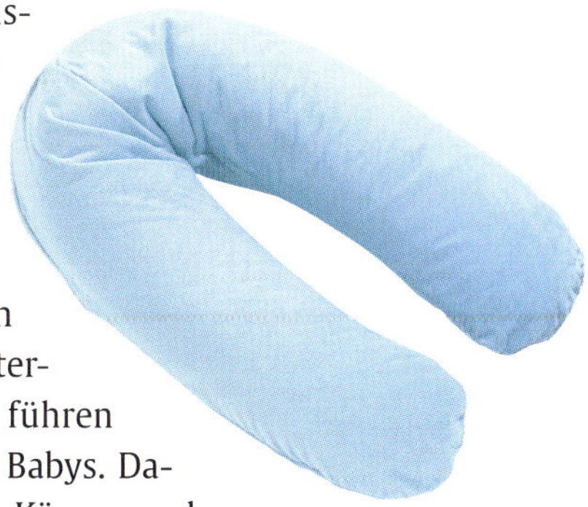

Stillen Sie etwa zehn bis zwanzig Minuten an jeder Brust. Wenn Ihr Baby länger saugt, ist das in der Regel nur noch Beruhigungsnuckeln, das Ihre Brustwarzen stark strapaziert. Nach den ersten fünf Minuten hat Ihr Baby ohnehin schon den größten Teil der Brust leer getrunken. Wenn Ihr Baby Ihre Brustwarze aber nicht hergeben will, schieben Sie sanft Ihren kleinen Finger zwischen Brustwarze und Mundwinkel Ihres Babys. Dadurch wird der Sog gelöst und das Baby wird ohne Zug locker lassen.

JETZT SCHON VORBEREITEN

Atmosphäre schaffen und Bücher besorgen

Wenn Sie vorhaben zu stillen, können Sie gegen Ende der Schwangerschaft schon einmal Ihre vier Wände scannen, um einen geeigneten Stillplatz für die Zukunft zu finden. Suchen Sie sich ein schönes Plätzchen aus, richten Sie sich eine gemütliche Ecke im Wohn-, Schlaf- oder künftigen Kinderzimmer ein, und falls Sie ohnehin längst einen bequemen Sessel anschaffen wollten, ist jetzt der richtige Zeitpunkt dafür. Auch eine Stereoanlage in der Nähe oder ein tragbarer CD-Player und Ihre Lieblingsmusik oder ein Hörbuch sind nicht verkehrt. Alles, was für gemütliche Atmosphäre beim Stillen sorgt, können Sie jetzt anschaffen, z.B. auch eine Duftlampe – ist das Baby erst da, werden Sie kaum noch dazu kommen. Manche Frauen lesen während des Stillens, vielleicht besorgen Sie jetzt schon all die Schmöker, die schon lange auf Ihrer Liste stehen. Ideal sind Taschenbücher, weil sie nicht so schwer sind und sie sich gut mit einer Hand halten lassen.

Stillen im Liegen

Für den Rücken am angenehmsten ist das Stillen im Liegen. Legen Sie Ihr Baby möglichst dicht an sich heran mit dem Köpfchen in Brusthöhe und führen Sie mit einer Hand die Brustwarze zu seinem Mund. Am besten ist übrigens, ab und zu die Stillposition zu wechseln, da dadurch unterschiedliche Brustareale immer wieder ganz leer getrunken werden.

Was während des Stillens gut bekommt

Wenn Sie stillen, muss Ihr Körper zusätzlich Kraft dafür aufbringen. Sie werden dies sofort an Ihrem Riesen-Hunger bemerken. Nicht ohne Grund erreichen stillende Frauen nach der Geburt viel schneller wieder ihr Ausgangsgewicht als nicht Stillende. Geben Sie ruhig Ihrem Appetit nach. Allerdings sollten Sie auf eine ausgewogene vitaminreiche Kost achten. Gegen Schokolade und andere Süßigkeiten in Maßen ist nichts einzuwenden. Wichtig ist viel Gemüse, Obst und insgesamt leicht verdauliche Kost, die auch den Wochenbettproblemen entgegenkommt. Vollkornprodukte sind vitaminreich und zu empfehlen, vorausgesetzt sie verursachen Ihnen keine Blähungen. Denn dann wird Ihr Baby auch Bauchschmerzen bekommen. Ähnlich sieht es mit Gemüse oder Hülsenfrüchten aus: Kohl, Gurke oder Radieschen wirken wie Knoblauch oder Zwiebeln und Linsen oder Bohnen blähend. Verwenden Sie lieber Gemüsesorten wie Zucchini oder Spinat. Kartoffeln, Nudeln oder Reis dienen Ihnen als Energielieferant.

▲ Viel Obst und Gemüse – das ist jetzt wichtig.

Bei Milchprodukten sollten Sie eher zu gesäuerten Produkten wie Joghurt oder Sauermilch greifen, da Milch in großer Menge (mehr als ein halber Liter) ebenfalls zu Magen-Darm-Problemen bei Mutter und Kind führen kann. Wenn Sie selbst an Allergien leiden, sollten Sie potente Allergene wie Erdnüsse, Eier oder Fisch eher meiden. Wichtig ist bei Verzicht auf

Fisch auf jeden Fall, auf eine ausreichende Jodzufuhr zu achten. Fragen Sie Ihren Frauenarzt nach den entsprechenden Präparaten. Ausreichende Vitamin-C-Zufuhr ist ebenfalls notwendig: Zitrusfrüchte oder konzentrierte Fruchtsäfte können manchmal aber auch wegen ihrer Säure den Po Ihres Babys wund machen.

JETZT SCHON VORBEREITEN

Gemüsekiste bestellen

Viel frisches Obst und Gemüse sollten Stillende essen. Biobauern bieten sogenannte Gemüsekisten an, die sie einmal in der Woche (oder auch mehrmals) frei Haus liefern. Wenn Sie auf Kohl und Bohnen verzichten müssen, um beim Baby Bauchweh zu vermeiden, können Sie bei den meisten Anbietern »ausschließlich nicht blähendes Gemüse« bestellen. Da viele Eltern mit dem neuen Baby ohnehin auf Biokost umstellen, ist das vielleicht eine Möglichkeit, die Sie darüber hinaus beim Einkaufen entlastet.

Ausprobieren, was vertragen wird

Jetzt haben Sie wahrscheinlich den Eindruck, Sie könnten während der Stillzeit nicht mehr in ein Restaurant gehen, da es ja sowieso kein Essen gäbe, das Sie ohne schlechtes Gewissen zu sich nehmen dürften. Keine Sorge – Sie werden sehr bald merken, was Ihr Baby schlecht verträgt. Es gibt auch Babys, denen es überhaupt nichts ausmacht, wenn Sie z.B. Bohnen essen. Und wenn Sie diese Erfahrung ein paarmal gemacht haben, warum sollten Sie dann nicht weiter Bohnen essen? Oder umgekehrt ausgedrückt – es gibt Mütter, die sich beinahe schon gar nichts mehr zu essen trauen, da ihr Baby ständig Bauchschmerzen hat und wenn sie sich dann irgendwann völlig resigniert wieder normal ernähren, werden die Bauchschmerzen beim Baby auch nicht schlimmer oder manchmal sogar besser, weil die Ursache vielleicht eine ganz andere war – wie z.B. einfach noch eine Unreife des Magen-Darm-Trakts (Seite 89).

Darf man auch mal sündigen?

Bei Genussmitteln gilt genauso wie bei anderen Nahrungsmitteln, dass sie durch die Muttermilch beim Baby ankommen. Deshalb sollten Sie, wenn Sie stillen, auf Alkohol und Nikotin möglichst ganz verzichten. Doch wenn Sie ab und zu ein halbes Glas Wein trinken möchten, tun Sie das am besten möglichst unmittelbar nach dem Stillen, so dass der Alkohol bis zum nächsten Mal Stillen in drei bis vier Stunden wieder abgebaut ist. Sie müssen alle diese Annehmlichkeiten nicht Ihr ganzes Leben lang streichen, und außerdem ist das Stillen vielleicht auch manchmal ein ganz guter Anlass, endlich ein Laster loszuwerden.

Bei Kaffee oder Schwarztee ist es ähnlich. Gegen eine Tasse Kaffee oder Tee zum Kreislaufankurbeln am Morgen ist nichts einzuwenden, es sei denn, Sie merken, dass Ihr Baby darauf mit Unruhe, Schlafproblemen oder Blähungen reagiert. Da ist jedes Baby ein bisschen verschieden.

Was die stillende Mutter trinken sollte

Ganz wichtig ist noch, dass Sie ausreichend trinken – und zwar mindestens zweieinhalb Liter pro Tag. Wenn Sie deutlich weniger Flüssigkeit zu sich nehmen, werden Sie auch weniger Milch produzieren. Nützen Sie die Zeit während des Stillens und platzieren Sie immer gleichzeitig etwas zu Trinken in Reichweite. Als Getränk eignet sich am besten ein gutes Mineralwasser mit möglichst wenig Kohlensäure. Natürlich sind auch Kräuter- und Früchtetees erlaubt. Fruchtsäfte können hingegen das Baby wund machen (Seite 86).

JETZT SCHON VORBEREITEN

Lieferservice für Getränke

Da Sie in der ersten Zeit nach der Geburt ohnehin nichts Schweres tragen dürfen, sollten Sie darüber nachdenken, sich gutes Mineral- oder Quellwasser gleich ins Haus liefern zu lassen. Das spart Mühe und Schlepperei für den männlichen Part, und die gewonnene Zeit können Sie lieber zu dritt verbringen. Außerdem haben Sie für die Stillzeit, währenddessen Sie ohnehin etwas mehr trinken sollten, automatisch immer ein gutes Wasser parat.

Bekommt das Baby genügend Milch?

Ob das Baby satt wird, das ist am Anfang des Stillens die größte Sorge einer jeden Mutter. Schließlich ist man als Stillende allein verantwortlich für das Gedeihen des Babys. Wie viel immer gerade aus der Brust herauskommt und, noch schlimmer, ob die Menge dem Kleinen dann auch tatsächlich reicht – das beschäftigt einen schon sehr, insbesondere beim ersten Kind.

Zum Glück gibt es ein paar harte Daten, womit man die Sache überprüfen kann und sei es nur zur eigenen Gewissensberuhigung (oder der anderer Skeptiker in Ihrer näheren Umgebung). Wiegen Sie Ihr Baby deshalb einmal pro Woche. Es wird, nachdem es in den ersten Tagen zunächst einmal abnimmt, anschließend in der Woche bis ungefähr zum vierten Lebensmonat ungefähr 120 bis 200 g zunehmen. Wiegen Sie bitte nicht täglich, da die Unterschiede dann noch zu gering sind und Sie sich selbst nur verunsichern. Außerdem ist die Gewichtszunahme nicht in jeder Woche absolut gleich. Ihr Baby ist schließlich keine Maschine, sondern hat auch einmal mehr und einmal weniger großen Durst. Wichtig ist, dass es im Schnitt zunimmt.

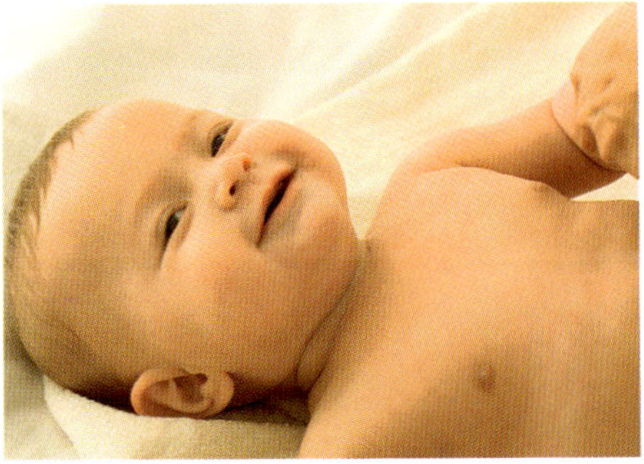

▲ Satt und glücklich.

Wenn Sie sich selbst sicher sein wollen, ob Ihr Baby pro Mahlzeit ausreichend Milch abbekommt, sollten Sie es unmittelbar vor und nach einer Stillmahlzeit wiegen. Tun Sie das jedoch noch nicht in den ersten Lebenstagen, da schließlich erst einmal die Milchproduktion richtig anlaufen muss. Außerdem benötigt Ihr Baby in den ersten Tagen nur winzige Mengen pro Mahlzeit, die sich von 10 bis 20 ml auf ungefähr 50 ml in den ersten Wochen bis allmählich auf ungefähr 100 ml steigert. Wenn Ihr Baby dann allmählich größere Mengen benötigt, stellt sich Ihre Brust mit der Milchproduktion ganz von selbst darauf ein. Wenn Sie merken, dass Ihr Baby gut zunimmt, ist dies die beste Vergewisserung, dass Ihr Baby ausreichend Milch bekommt.

Mein Tipp

Satte Babys sind glückliche Babys

Wenn Ihr Baby nach dem Stillen satt und zufrieden wirkt, können Sie davon ausgehen, dass es ausreichend Nahrung bekommt. Ein hungriges Baby wirkt unglücklich, gereizt und jammert oder schreit andauernd. Wenn Sie dennoch unsicher sein sollten, fragen Sie Ihre Hebamme oder Ihren Kinderarzt um Rat.

Wenn Sie abpumpen möchten

Möglicherweise möchten Sie abends ohne Baby ausgehen oder möchten bzw. müssen wieder arbeiten und können zu der nächsten Stillmahlzeit noch nicht bei Ihrem Kind sein – dann ist das Abpumpen eine gute Alternative. Außerdem haben manche frühgeborene oder noch sehr leichtgewichtige Babys noch nicht ge-

JETZT SCHON VORBEREITEN

Milchpumpe besorgen

Mütter, die schon bald wieder ins Berufsleben einsteigen, Ihr Kind aber trotzdem weiterhin mit Muttermilch füttern möchten, oder diejenigen, die schon vor der Geburt wissen, dass Sie regelmäßig Milch abpumpen werden, sollten sich eine größere elektrische Maschine anschaffen. Milchpumpen können Sie in der Apotheke ausleihen und sich vom Frauenarzt verschreiben lassen (Seite 166).

nügend Kraft, an der Brust zu saugen. Auch in diesen Fällen kann man ihnen abgepumpte Milch mit dem Fläschchen verabreichen, sodass auch sie in den Genuss der Muttermilch kommen.

Es gibt mechanische, aber auch elektrische Milchpumpen. Die mechanischen sowie die kleinen elektrischen sind eher für die Reise und das kurze Abpumpen zwischendurch gedacht. Sie können die abgepumpte Milch im Kühlschrank maximal 72 Stunden aufbewahren. Ungekühlt sollte man sie nach spätestens sechs Stunden verfüttern. Man darf Muttermilch auch einfrieren. Sie ist dann etwa fünf Monate haltbar. Wenn Sie sie anschließend wieder auftauen, muss dies langsam und schonend z.B. im Flaschenwärmer oder in einem warmen Wasserbad erfolgen.

- Die Milch darf keinesfalls kochen.
- Erhitzen Sie die Milch auch nicht in der Mikrowelle, da sonst wertvolle Bestandteile darin zerstört werden.
- Erwärmen Sie Muttermilch kein zweites Mal, da es sonst zu Keimbesiedlungen und anschließenden Magen-Darm-Infektionen bei Ihrem Baby kommen kann.
- Am besten portionieren Sie eingefrorene Mengen ungefähr so, dass sie jeweils einer Mahlzeit Ihres Babys entsprechen.
- Vergessen Sie nicht das Datum auf der Flasche zu vermerken, sodass Sie auch nach einigen Monaten noch sehen können, ob die Milch noch haltbar ist.

Milchstau – was tun?

Manchmal staut sich die Milch in bestimmten Bereichen der Brust, sodass es dort zu druckempfindlichen Stellen kommen kann. Wenn dies der Fall ist, sollten Sie Ihr Baby möglichst häufig anlegen und zwar so, dass der Unterkiefer des Babys an der gestauten

JETZT SCHON VORBEREITEN

Plastik- oder Glasfläschchen?

Verwenden Sie am besten Plastikflaschen, da sich in Glasflaschen Rückstände an der Wand bilden können. In den ersten drei Monaten ist es sehr wichtig, auf Sauberkeit beim Reinigen der Flaschen zu achten, da die Darmflora des Babys noch nicht voll ausgebildet ist und das Immunsystem noch reifen muss. Kochen Sie Flaschen und Sauger am besten jedes Mal ab oder verwenden Sie einen Sterilisator. Nach dem dritten Lebensmonat beginnen die Babys zu greifen und stecken ohnehin immer mehr Dinge in den Mund, sodass sie sich dann mit den normalen Umweltkeimen auseinandersetzen müssen. Ab diesem Zeitpunkt ist es völlig ausreichend, die Fläschchen und Sauger mit Spülmittel und heißem Wasser zu reinigen und anschließend mit klarem Wasser nachzuspülen. Zu viel Hygiene schadet mehr als sie nutzt.

Stelle liegt. So wird von ihm aus diesem Areal besonders viel Milch getrunken, und der Stau wird gelöst. Außerdem hilft das Massieren der Brust in Richtung Brustwarze während des Stillens.

Auch warme Auflagen fördern den Milchfluss: Dafür eignet sich ein warmer feuchter Waschlappen oder eine Wärmflasche. Wichtig ist auch, dass Sie sich in dieser Zeit möglichst viel Ruhe gönnen, da auch Schlafmangel und Stress Auslöser eines Milchstaus sein können. Vielleicht kann Ihnen jemand den Haushalt oder das Einkaufen abnehmen, sodass Sie sich ausschließlich um sich und Ihr Baby kümmern können. Manchmal hilft auch zwischen den Stillmahlzeiten ein wenig Milch aus der Brust zu drücken, bis die Brust die Milchproduktion etwas gedrosselt hat. Das geht am leichtesten, wenn Sie duschen, da durch die Wärme die Milch zu fließen beginnt. Drücken Sie die Milch aber nur mit Ihren Händen heraus, da Abpumpen die Brust wieder eher zu vermehrter Milchbildung anregt.

Problem: wunde Brustwarzen

Besonders in den ersten Wochen nach Stillbeginn kann es passieren, dass die Brustwarzen wund oder rissig werden. Ursache dafür ist zu langes Nuckeln des Babys oder falsches Ansaugen. Achten Sie deshalb darauf, dass Ihr Baby nicht länger als ungefähr zwanzig Minuten an einer Seite saugt. Dabei sollte es unbedingt nicht nur die Brustwarze sondern auch den gesamten Vorhof im Mund haben. Wenn die Warzen dann doch schon einmal wund gewor-

Mein Tipp

Quarkkompressen bei Milchstau

Manchmal entwickelt sich durch den Milchstau eine Entzündung in der Brust. Ihre Brust schmerzt dann, ist gerötet, geschwollen und tut weh. Sie können die Beschwerden durch Quarkkompressen lindern. Wenn dieses Hausmittel nicht hilft oder Sie noch zusätzlich Fieber bekommen, sollten Sie einen Arzt aufsuchen. Er kann Ihnen, wenn z. B. eine bakterielle Entzündung vorliegt, ein Antibiotikum verschreiben. Keine Sorge – Sie müssen dann nicht automatisch aufhören zu stillen, da es eine Reihe von Antibiotika gibt, die Ihrem Baby nicht schaden.

den sind, versuchen Sie unbedingt weiterzustillen, da es sonst zu einem Milchstau kommen kann.

Kurzes regelmäßiges Stillen härtet die Brustwarzen auch allmählich ab. Lassen Sie sie an der Luft trocknen, da der Speichel des Babys heilende Wirkung hat. Zusätzlich hilft auch anschließende Wärmebestrahlung z.B. mit einer Infrarotlampe. Waschen Sie auf keinen Fall die Brustwarzen nach dem Stillen ab. Das macht sie nur empfindlich. Sie können auch etwas Muttermilch auf die Warzen streichen. Auch das trägt zur Heilung bei. Achten Sie darauf, dass Ihre Brustwarzen stets trocken sind und verwenden Sie möglichst nur luftdurchlässige Stilleinlagen aus Wolle oder Seide. Nur wenn Sie beim Stillen zu starke Schmerzen haben, sollten Sie ein oder zwei Tage lang abpumpen, bis die wunden Stellen wieder etwas abgeheilt sind.

JETZT SCHON VORBEREITEN

Abhärten

Mit dem Abhärten Ihrer Brustwarzen können Sie schon jetzt während der Schwangerschaft beginnen. Duschen Sie regelmäßig morgens Ihre Brustwarzen mit einem direkt auf sie gerichteten nur lauwarmen Wasserstrahl ab. Wenn Sie sich allmählich daran gewöhnt haben, reiben Sie die Brustwarzen anschließend mit einem härteren Frotteehandtuch trocken.

Das Baby mag nicht an der Brust trinken

Es kann schon einmal zwischendurch vorkommen, dass Sie Ihr Baby wie gewohnt anlegen wollen, dieses aber nicht saugen mag. In diesen Fällen gilt zuerst: Ruhe bewahren. Das ist natürlich in der Tat leichter gesagt als getan. Es gibt kaum eine Situation, die eine Mutter stärker aus der Fassung bringt wie diese. Schließlich hat man auf der Stelle Sorge, sein Baby könne verhungern. Aber seien Sie beruhigt – selbst wenn Ihr Baby eine ganze Mahlzeit auslässt, kann ihm noch lange nichts passieren. Die Frage ist nun zunächst einmal, warum es nicht trinken mag. Und dafür gibt es natürlich mehrere Gründe, die man sich überlegen muss:

▲ Nicht immer klappt das Trinken.

- Zunächst einmal kann es sein, dass Ihr Baby noch gar nicht hungrig genug ist, weil die letzte Mahlzeit noch nicht lange genug zurückliegt. Wenn es außer satt zu sein auch noch müde ist, stehen die Chancen dass es saugen mag noch schlechter.
- Wenn Sie merken, dass Ihr Baby ohnehin in den letzten Stunden sehr unruhig war und mehr als sonst geschrien hat, können auch Zahn- oder Bauchschmerzen die Ursache sein.
- Ein Baby, das verschnupft ist, mag auch nicht trinken, da es dazu eine freie Nase benötigt. Babys mit Schnupfen haben außerdem manchmal zusätzlich Ohrenschmerzen, die insbesondere beim Trinken stärker werden.

Und manchmal kommt vielleicht auch einfach nicht genügend Milch, wofür Stress die Ursache sein kann. Da hilft nur eins – nämlich einen Gang runterschalten und ausruhen. Ich weiß, dass das in dieser Zeit leichter gesagt als getan ist. Aber wozu hat man schließlich Mütter, Schwiegermütter, Ehemänner und Freunde? Überlegen Sie, wie Sie sich Ihre Umgebung noch ruhiger gestalten können – haben Sie vielleicht noch ein Radio an, das Ihr Baby ablenkt oder klingelt womöglich andauernd das Telefon?

Mein Tipp

Mama riecht komisch

Manchmal reagieren Babys auch sehr sensibel darauf, wenn Sie eine neue Körpercreme oder ein neues Parfüm verwenden. Einige Babys mögen auch nicht, wenn Sie zuvor Knoblauch gegessen haben und sich dadurch Ihr Körpergeruch verändert hat. Ihnen schmeckt dann einfach die Milch nicht mehr. Seien Sie deshalb vorsichtig mit derartigen Duftstoffen.

Wann das Fläschchen sinnvoll ist

Manche Mütter fangen nach der Geburt rasch wieder an zu arbeiten – vielleicht auch ohne die Möglichkeit, zwischendurch schnell zu ihrem Kind zu eilen. Oder Sie müssen wegen einer chronischen Erkrankung regelmäßig Medikamente einnehmen, die mit dem Stillen nicht vereinbar sind. Oder Sie mögen schlicht und ergreifend nicht stillen. In jedem Fall ist dies in Ordnung. Haben Sie dann aber bitte kein schlechtes Gewissen und lassen Sie sich auch keines aus irgendeiner Richtung einreden.

Heutzutage ist Säuglingsmilch schon so gut an die Muttermilch angepasst, dass sie bestens verträglich für Ihr Baby ist. Wenn Sie sich also für Flaschenernährung entscheiden, brauchen Sie zu Beginn ein paar Dinge mehr, als wenn Sie stillen.

Welche Säuglingsmilch ist die richtige?

Haben Sie schon einmal im Drogeriemarkt das riesige Sortiment an Säuglingsmilch bestaunt? Um hier durchzusteigen, braucht man mindestens ein Ernährungswissenschaften-Studium, so scheint es fast. Die Wahl wird einem tatsächlich nicht leicht gemacht.

Zunächst einmal kann man allgemein sagen, dass für Ihr Neugeborenes nur die Anfangsnahrung in Frage kommt. Sie erkennen Sie an der Aufschrift **Pre oder 1** (Seite 167). Diese Milch sollte dann Ihr Baby ausschließlich die ersten Monate trinken. Darin ist der Gehalt an Eiweiß, Fett, Kohlenhydraten und Vitaminen weitestmöglich dem der Muttermilch angepasst. Für welche Marke Sie sich letztendlich entscheiden, ist unwichtig, da alle Hersteller sich äußerst strengen Richtlinien unterziehen müssen und ständigen Kontrollen unterzogen werden. Wenn Sie merken, dass das Baby nach vier Monaten nicht mehr richtig satt wird, können Sie auch auf eine **Folgemilch** umsteigen, die mit der Zahl 2 gekennzeichnet ist (Seite 164). Mit dem Zufüttern von anderen Nahrungsmitteln wie z.B. Obst wird empfohlen, erst nach dem sechsten Lebensmonat zu beginnen. Bis dahin ist Ihr Baby bestens mit aus-

▲ Anfangsnahrung für die ganz Kleinen.

JETZT SCHON VORBEREITEN

Auf zum Flaschenkauf

Besorgen Sie sich am besten gleich sechs bis sieben Fläschchen, sodass Sie lediglich einmal am Tag auskochen müssen. Sie müssen sich entscheiden, ob Sie lieber Glas- oder Kunststoffflaschen mögen. Ich empfehle Ihnen Plastikflaschen, da Glasflaschen schwer sind und leichter zu Bruch gehen können (Seite 164). Achten Sie auch darauf, dass Sie gleich die großen 250-g-Flaschen nehmen, da die kleinen 150-g-Flaschen bald für die Milchmenge Ihres Kindes zu klein sein werden. Ein oder zwei kleine Flaschen sind nicht schlecht: als Wasser- oder Teefläschchen für den kleinen Durst zwischendurch im Zufütteralter.

Sauger in der richtigen Größe

Schaffen Sie auch gleich ebenso viele Milchsauger (Seite 166) an. Achten Sie unbedingt darauf, dass das Loch im Sauger die richtige Größe hat. Ein zu kleines Loch hat zur Folge, dass sich Ihr Baby furchtbar anstrengen muss. Oft wird es dann schon müde, bevor es genügend getrunken hat. Umgekehrt bewirkt ein zu großes Loch, dass zu viel Milch herausfließt und sich Ihr Baby dadurch schneller verschlucken kann. Kaufen Sie deshalb einen speziellen Milchsauger mit der kleinsten Größe für den Anfang. Nur, wenn Ihr Baby gar nicht damit zurechtkommt, würde ich mal einen Sauger außerhalb der Norm ausprobieren. Wenn Sie das Gefühl haben, Ihr Baby bekommt dennoch zu viel Milch auf einmal, können Sie auch einmal einen Teesauger ausprobieren. Und wenn es sich zu arg abplagt und Sie denken, dass es während des Trinkens zu stark ermüdet, dürfen Sie auf einen Milchsauger der nächsten Größe umsteigen. Zum Säubern müssen Sie Fläschchen und Sauger mit warmem Wasser und Spülmittel vorreinigen und dann anschließend im Kochtopf mindestens zehn Minuten auskochen oder in den Sterilisator geben.

schließlicher Babymilchernährung versorgt (siehe unten). Für noch größere Babys, die älter als acht Monate sind, wird auch sogenannte 3er-Milch angeboten. Aus kinderärztlicher Sicht besteht allerdings kein Grund, auf diese umzusteigen, da Sie in diesem Alter Ihrem Baby ohnehin schon anderes zu seinen Milchmahlzeiten zufüttern, sodass für ausreichende Energie- und Vitaminzufuhr gesorgt ist.

Mein Tipp

Milch für allergiegefährdete Babys

Wenn einer der beiden Eltern an Neurodermitis leidet und Sie nicht stillen können oder wollen, sollten Sie Ihrem Baby eine Milch geben, in der die Eiweiße komplett in einzelne Aminosäuren aufgespalten sind, also eine voll hydrolysierte Milch wie etwa Pregomin oder Nutrimagen. Wenn Sie oder Ihr Partner Heuschnupfen haben, reicht eine teilweise hydrolysierte Milch aus. Sie erkennen diese Milch an der Aufschrift HA. Auch da gibt es eine Anfangsmilch, die HA-1-Milch, die Sie Ihrem Baby unmittelbar nach der Geburt füttern können. Lassen Sie sich zu dieser Spezialmilch am besten von Ihrem Kinderarzt beraten.

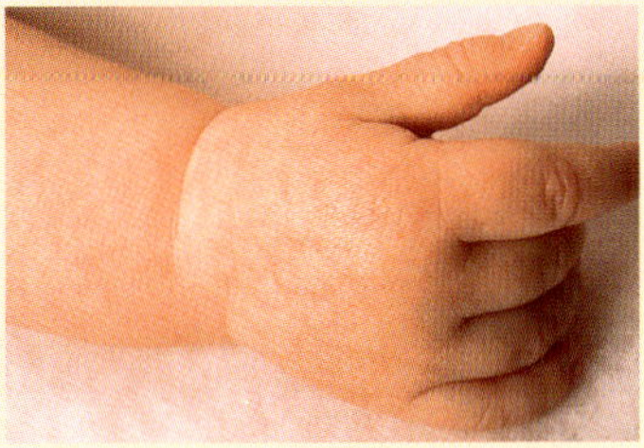

Milch für Bauchweh-Babys
Inzwischen gibt es auch speziell zusammengestellte Milch für Babys, die vermehrt unter Blähungen, Verstopfung oder Bauchweh leiden. Sie enthalten weniger Milchzucker und zusätzlich Bakterien, die die Darmflora stabilisieren. Bevor Sie bei Ihrem Baby auf solch eine Milch umsteigen wollen, besprechen Sie dies sicherheitshalber erst mit Ihrem Kinderarzt.

Wann und wie Sie zufüttern

Bis etwa zum sechsten Lebensmonat benötigt Ihr Baby nichts anderes als Muttermilch oder Flaschennahrung. Erst dann wird der Bedarf an Kalorien, Eisen und Vitamin C allmählich so groß, dass die Milch allein nicht mehr ausreicht. Jetzt wird es Zeit, am besten mittags langsam mit ein paar Löffeln Gemüse zu beginnen. Da die Sache mit der Mundmotorik auch gelernt sein will, landet zu Beginn häufig mehr Essen auf dem Lätzchen als im Mund. Aber lassen Sie sich nicht entmutigen: Ein paar Wochen später hat Ihr Baby gelernt vom Löffel zu essen. Da es zu Beginn nach wenigen Löffeln keine Lust mehr hat, sollten Sie ihm, bis es allmählich größere Mengen schafft, anschließend zum Sattwerden seine Flasche oder die Brust geben.

▲ Aus dem Säugling ist ein Löffeling geworden.

Gläschen oder selber kochen?

Es gibt für beides Vor- und Nachteile. Gläschen stehen schnell parat, da sie nur aufgewärmt werden müssen. Außerdem unterliegt die Zusammensetzung ihrer Inhaltsstoffe strengen Vorschriften und sie enthalten kaum Schadstoffe. Allerdings sollte man immer ein wenig Rapsöl und Orangensaft hinzufügen, da Stiftung Warentest herausgefunden hat, dass in den Gläschen zu wenig Fett und Vitamin C enthalten ist. Selber kochen ist dagegen wesentlich billiger. Man kann den Aufwand auch minimieren, indem man immer größere Mengen vorkocht und sie portionsweise einfriert.

JETZT SCHON VORBEREITEN

Literatur besorgen

Was die Kleinen im ersten Lebensjahr alles bekommen oder was sie noch nicht essen dürfen, damit sind viele Eltern überfordert bzw. sie wollen sich nicht auf die Empfehlungen der Babynahrungsmittelhersteller verlassen. Sie können beim Forschungsinstitut für Kinderernährung in Dortmund für zwei bis drei Euro Informations-Broschüren bestellen (www.fke-shop.de oder Tel. [01805] 79 81 83, 12 Cent pro Minute) oder sich jetzt schon einmal das Buch Die besten Breie für Ihr Baby von Anne Iburg (TRIAS) besorgen.

Der vorgekochte Brei hält im Gefrierfach bis zu zwei Monate. Tiefgefroren können Sie ihn schnell im Wasserbad oder in der Mikrowelle aufwärmen.

Gemüse, Fleisch und Milchbrei

Nach und nach wird dann eine Milchmahlzeit durch eine Gemüsemahlzeit ersetzt. Am besten fängt man übrigens mit pürierten Karotten an. Die sind bei uns das ganze Jahr über gut erhältlich und schmecken den Babys wegen ihres leicht süßen Geschmacks in der Regel gut. Sie können jedoch auch genauso gut andere nicht blähende Gemüsearten wie z.B. Zucchini oder Fenchel verwenden. Sobald Ihr Baby das Essen mit dem Löffel einigermaßen raus hat, mengen Sie bald pürierte Kartoffeln mit zwei Teelöffeln Rapsöl darunter. Das macht satt und liefert außerdem viel Vitamin C. Damit Ihr Baby ausreichend mit Eisen versorgt wird, sollten Sie auch mindestens zweimal pro

Mein Tipp

Womit man vorsichtig sein sollte

Um allergische Reaktionen zu vermeiden, ist es ratsam, im ersten Jahr noch auf besonders potente Allergene zu verzichten. Dazu gehören Nüsse, Fisch, Erdbeeren, Zitrusfrüchte, Kuhmilch und Eier. Um ein Verschlucken zu vermeiden sind auch bröselige Dinge oder generell Nahrungsmittel, die sich unzerkleinert durch Speichel nicht sofort auflösen ungeeignet wie Vollkornbrot mit Körnern, Apfelstückchen, Karottenstückchen, usw.

Woche Fleisch hinzufügen. Mixen Sie am besten auch etwas Vitamin-C-reichen Orangensaft unter – dann kann der Körper das Eisen auch besser aufnehmen. Wenn eine Milchmahlzeit komplett ersetzt ist, können Sie mit dem Zufüttern fortfahren. Eine Obstmahlzeit passt gut in den späten Vormittag sowie in den Nachmittag. Am besten vertragen die Babys übrigens einheimisches Obst. Und zum Schluss gibt es abends dann noch einen Milchbrei aus Milch, Getreide und Obst.

Was Ihr Baby zu trinken bekommt

Solange Ihr Baby noch mehrmals Milch pro Tag bekommt, wird es kaum zusätzlich durstig sein. Auch püriertes Obst oder Gemüse besteht zum größten Teil aus Wasser, sodass sich Durst eigentlich erst einstellt, wenn festere Dinge wie z. B. Brot zugefüttert werden.

Ausnahmen gibt es manchmal zu sehr heißen Jahreszeiten. Wenn Sie dann Ihrem Baby zusätzlich Flüssigkeit anbieten möchten, eignet sich Wasser als Durstlöscher am besten.

Fruchtsäfte sollten Sie am besten nicht konzentriert geben, da sie Fruchtzucker und -säure enthalten und Karies verursachen können. Außerdem gewöhnen sich die Babys nur allzu gerne an Süßes und weigern sich dann bald, Ungesüßtes zu trinken. Mit ungefähr acht Monaten können Babys auch schon allmählich aus Trinklerntassen und spätestens mit einem Jahr aus einer richtigen Tasse trinken. Dies ist wiederum wichtig für die Zähne, da beim Saugen besonders leicht Karies entstehen kann.

JETZT SCHON VORBEREITEN

Anfrage beim Wasserwerk

Grundsätzlich können Sie dem Baby Leitungswasser geben. Ob Ihr Wasser in Ordnung ist, erfahren Sie bei Ihrem Wasserwerk. Lassen Sie sich die Analysenwerte schicken – das Wasser darf z.B. nur eine bestimmte Menge Nitrat enthalten, da es die Sauerstoffversorgung einschränkt. Beim Mineralwasser gelten bestimmte Grenzwerte, die nicht überschritten werden dürfen. Auf jeden Fall geeignet ist ein Wasser, das den Aufdruck für Säuglingsernährung geeignet trägt. Stiftung Warentest kann auch weiterhelfen.

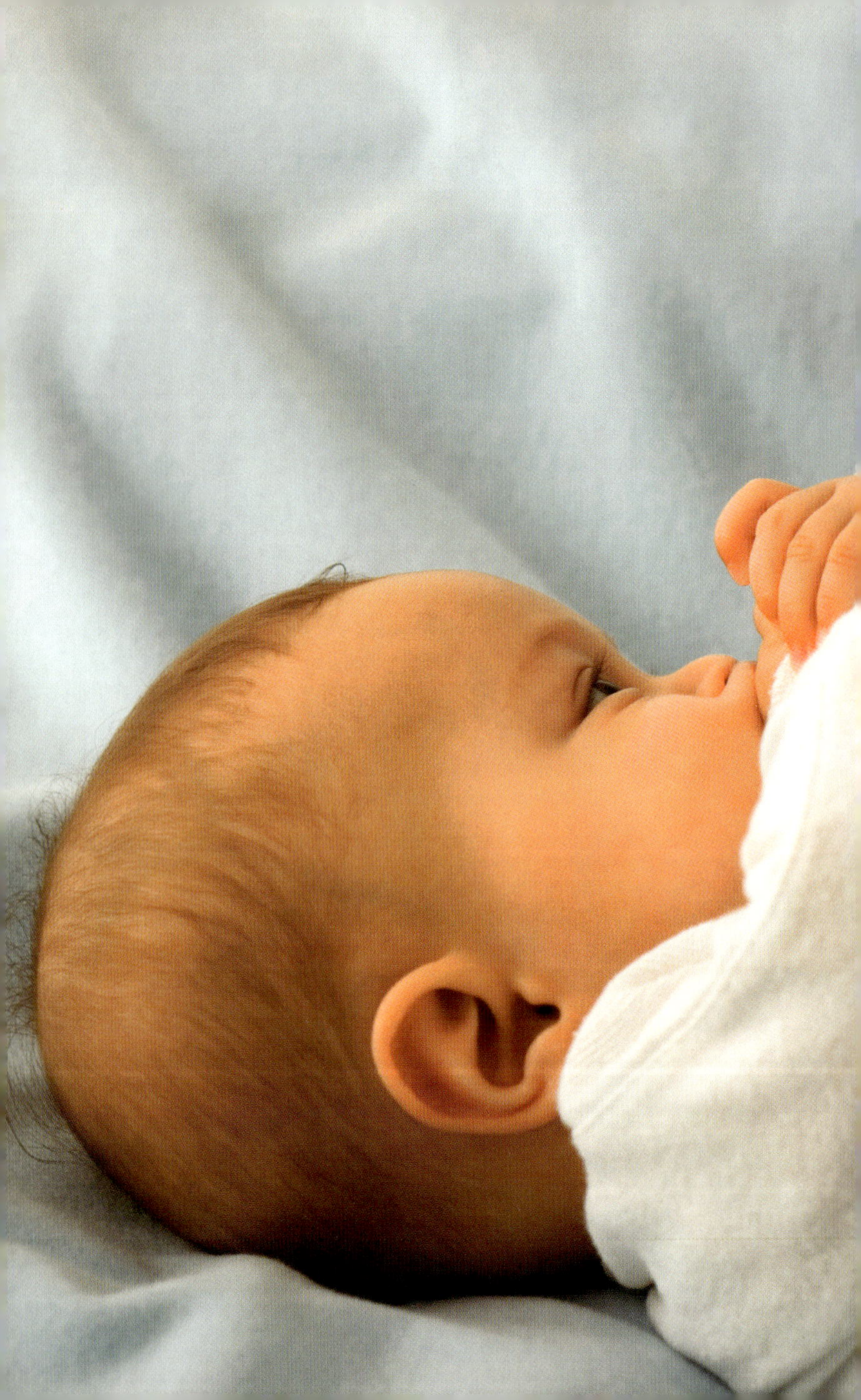

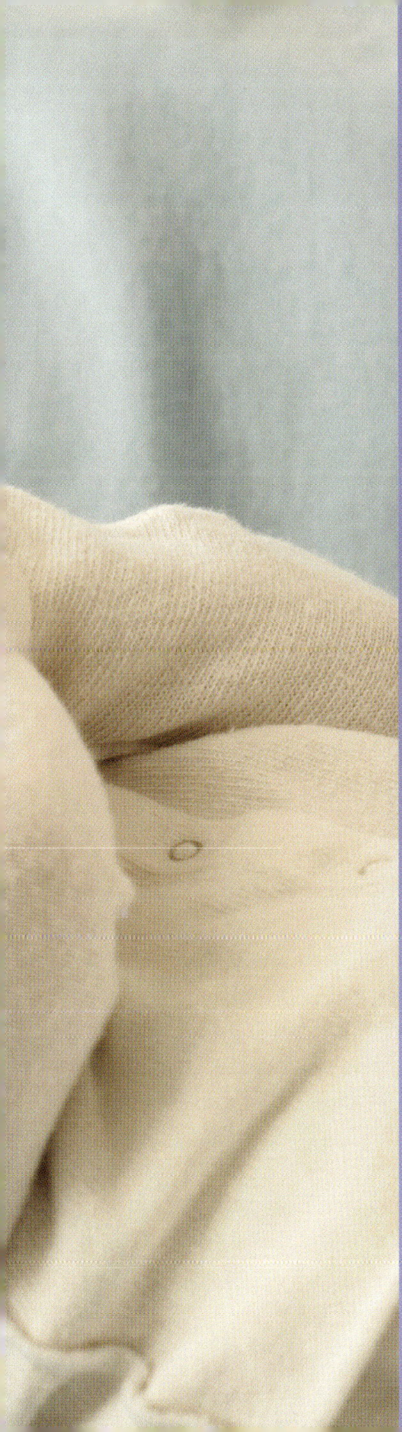

Wie Babys schlafen

Schlafen ist für frisch gebackene Eltern ein Riesenthema. Das Baby hat seinen eigenen Rhythmus und meldet sich anfangs alle paar Stunden, auch in der Nacht, weil es hungrig ist.

Wie im Mutterleib

Kurz nach der Geburt brauchen Babys noch genauso viel Schlaf wie im Mutterleib – nämlich etwa 17 Stunden, die sich über 24 Stunden verteilen. Wenn sie hungrig sind, wachen sie ungefähr alle drei Stunden auf, auch nachts. Nach einigen Monaten beginnen sie allmählich zu merken, dass es einen Unterschied zwischen Tag und Nacht gibt, indem wir ihnen vorleben, dass tagsüber das Leben mit allen Aktivitäten stattfindet und nachts alle schlafen und ausruhen. Dadurch werden die nächtlichen Schlafphasen immer länger und die am Tage dafür immer kürzer, da das Baby ja auch interessiert und neugierig ist, was in seiner Umwelt passiert und dementsprechend immer weniger Wert aufs Schlafen legt.

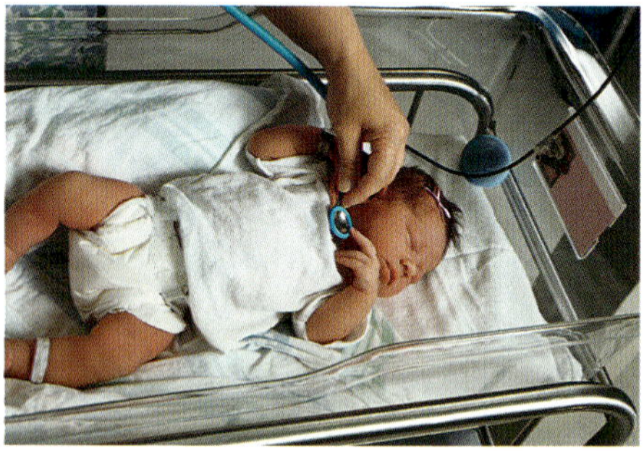

▲ Anfangs schlafen Babys noch sehr viel.

Mit einem halben Jahr lernen die meisten Babys durchzuschlafen, was heißt, etwa zehn Stunden am Stück zu schlafen, ohne wach zu werden. Sie benötigen dann am Tag nur noch zwei Nickerchen von jeweils ungefähr zwei Stunden. Diesen Rhythmus behalten sie dann noch ungefähr bis zu ihrem ersten Geburtstag bei. Wichtig ist auch das regelmäßige Abwechseln von Wach- und Schlafphasen. Ein doppelt so langer Morgenschlaf ersetzt also nicht die Nachmittagsruhe. Trinken, Schmusen, die Umgebungsreize aufnehmen und einfach das pure Wachsein strengt Babys noch kolossal an, sodass sie die anschließende Erholungsphase unbedingt brauchen.

Mein Tipp

Unruhiger Schlaf ist ganz normal

Babys durchlaufen während des Schlafs verschiedene Stadien: Traumphasen und Tiefschlafphasen. Während der Traumphasen bewegen sie manchmal ruckartig ihre Ärmchen oder Beinchen oder beginnen plötzlich zu lächeln. Dies ist völlig normal und liegt an Impulsen, die während dieser Zeit vom Gehirn zur Aktivierung an die Muskeln gesendet werden.

Die Sache mit dem Einschlafen

Wer denkt, dass man das Baby abends ins Bett legt, vielleicht noch ein kleines Schlaflied singt und anschließend sich selbst zur Ruhe begibt und alle friedlich schlummern, der sieht das Ganze vielleicht ein bisschen zu rosig. Es gibt einzelne Babys, die einem dieses Glück bescheren, aber oft sieht die Welt ganz anders aus.

Sie sind abends schon vom Tagewerk mit Ihrem Baby völlig abgekämpft und freuen sich auf Ihre wohlverdiente Nachtruhe. Aber sobald Sie Ihr Baby vorsichtig in seine Wiege gelegt haben, beginnt ein ohrenbetäubendes Geschrei. Sie nehmen Ihren Spatz wieder heraus und tragen ihn herum, singen Schlaflieder, geben nochmal etwas zu trinken und haben den Eindruck, das Baby sei eingenickt. Aber sobald Sie es hinlegen wollen, geht das gleiche Spektakel wieder von vorn los. Und wenn Sie dann diese Spielchen noch ein paar Mal wiederholen mussten und vielleicht noch aus lauter Verzweiflung als Einschlafhilfe das Autofahren versucht haben, werden Sie erkannt haben, dass die Sache mit dem Einschlafen doch so seine Tücken haben kann. Es gibt allerdings ein paar Tricks, die man von Anfang an beachten sollte, sodass bestimmte Problemchen erst gar nicht auftreten.

- Legen Sie Ihr Baby möglichst ins Bett, wenn es wach und müde ist, dass es lernt alleine einzuschlafen.
- Gewöhnen Sie Ihr Baby von Anfang an an ein festes Einschlaf-Ritual. Singen Sie ihm z.B. ein Schlaflied vor, sprechen Sie ein Gutenachtgebet, geben Sie ihm einen Kuss und löschen Sie dann das Licht. Manchmal ist für Babys bereits das Schlafanzug- oder Schlafsackanziehen ein Zeichen, dass es jetzt Zeit zum Schlafen ist.

- Lassen Sie dem Kleinen nach der letzten Mahlzeit noch etwas Zeit vor dem Schlafengehen, damit es merkt, dass Schlafen nicht mit der Mahlzeit zu tun hat und man auch ohne zu trinken einschlafen kann.
- Der nächtliche Schlafplatz sollte möglichst immer derselbe sein, da Babys das Gewohnte lieben und es ihnen Geborgenheit vermittelt.
- Lassen Sie Ihr Baby in den ersten Monaten in Ihrem Zimmer schlafen, so fühlt es sich nicht allein, da es Ihre Geräusche hört und Ihre Nähe spürt.
- Vermeiden Sie in den ersten Wochen nach der Geburt Reisen, da das Baby sich erst einmal an die Umgebung bei Ihnen zu Hause gewöhnen muss.

JETZT SCHON VORBEREITEN

Spieluhr für den Bauch

Sie können jetzt schon ein Einschlafritual für Ihr Baby etablieren, indem Sie immer wieder eine Spieluhr auf Ihren Bauch legen (Seite 168). Es wird die Melodie dann nach der Geburt wiedererkennen und dann mit ihr z. B. leichter einschlafen, da ihm die Klänge vertraut vorkommen. Sie können natürlich auch singen!

Wie merke ich, dass mein Baby müde ist?

In den ersten Wochen nach der Geburt schläft ein Baby noch relativ viel. Nachdem es getrunken hat, wird es nach etwa einer Stunde auch schon wieder müde. Bei Neugeborenen ist das in der Regel noch sehr leicht zu erkennen, da sie einfach einschlafen. Und zwar ganz egal wie laut es ist und wo sie sich befinden. Das wird meistens auf Ihrem Arm sein. Bei älteren Babys ist das oft schon schwieriger, da sie sich durch die Ereignisse um sie herum leichter ablenken lassen und nicht mehr so leicht einschlafen. Ihre Müdigkeit ist häufig durch Aufgedrehtsein überdeckt. Da müssen Sie selbst auf Müdigkeitsanzeichen achten. Häufig werden Babys dann quengelig oder reiben sich immer wieder die Augen. Manchmal zupfen sie sich auch an den Ohren oder drehen ihre Haare mit den Fingern. Gähnen ist natürlich auch ein sicheres Indiz.

▲ Händchen zum Mund: Müde oder hungrig?

Wichtig ist, diese Signale wahrzunehmen, da ein müdes Baby zum Schlafen gelegt werden soll. So kann es wieder neue Kraft tanken. Wenn man den Punkt verpasst, sind die Babys manchmal so überreizt, dass sie wesentlich schlechter einschlafen. Außerdem merkt das Baby so allmählich selbst, wie es sich anfühlt müde zu sein, und dass es dann gut tut zu schlafen.

JETZT SCHON VORBEREITEN

Babys Schlafplatz

Neben einer Wiege oder einem Stubenwagen für den Anfang benötigen Sie lediglich eine dünne Decke zum Zudecken bzw. einen Schlafsack, wenn das Baby beginnt zu strampeln. Ein Kopfkissen dürfen Babys zum Schlafen noch nicht haben, da sie ihr Näschen darin vergraben könnten und dann keine Luft mehr bekommen.

Bauch- oder Rückenlage?

Derzeitig empfiehlt man, die Babys in Rückenlage schlafen zu lassen, da es Studien gibt, die die Bauchlage als einen Risikofaktor für den plötzlichen Kindstod darstellen. Es wird vermutet, dass die Sauerstoffzufuhr in der Bauchlage nicht optimal gewährleistet ist. Meistens ist die Rückenlage für Babys kein Problem, wenn man sie von Anfang an daran gewöhnt. Es gibt aber auch Neugeborene, die nächtelang schreien, bis man plötzlich aus lauter Verzweiflung auf die Idee kommt, sie auf den Bauch zu legen. Und wenn sie dann auf einmal seelenruhig schlafen, fällt es einem schon recht schwer, in diesen Fällen auf der Rückenlage zu bestehen. Ich glaube, dass es in solchen Fällen sinnvoll ist, andere Faktoren zu optimieren, um kein Risiko einzugehen.

Ist Ihr Kind von Anfang an ein Bauchschläfer, achten Sie beispielsweise darauf, dass der Schlafraum nicht wärmer als 18 bis 19 Grad ist. Das Baby darf kein Kopfkissen haben und muss frei liegen, das heißt keine Tücher oder Kuscheltiere dürfen sich in der Nähe befinden, die sich über das Gesicht wickeln und die Atemwege verschließen könnten. Außerdem soll die Bettdecke nur dünn sein und nicht über den Kopf des Babys rutschen können. Wenn es anfängt zu strampeln, ist es am sichersten auf einen Schlafsack umzusteigen. Und wenn Ihr Baby morgens mit einem verschwitzten Kopf aufwacht, ist es zu warm angezogen.

Mein Tipp

Nasentropfen für Säuglinge

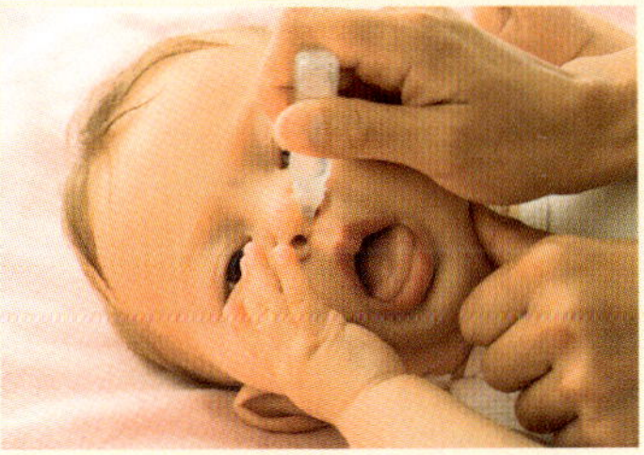

Wenn Ihr Baby erkältet ist, bekommt es häufig schlechter Luft. Um nachts sicherzugehen, dass die Atemwege möglichst frei sind, geben Sie ihm abends abschwellende Nasentropfen und lassen Sie das Baby bei Ihnen im Zimmer schlafen (Seite 167). Lagern Sie auch den Oberkörper etwas erhöht, in dem Sie ein dickes Telefonbuch unter die obere Hälfte der Matratze schieben.

Wenn das Baby nicht durchschläft

In den ersten Monaten brauchen Babys noch alle drei bis vier Stunden Nahrung. Deshalb ist in dieser Zeit an ein Durchschlafen selbst bei den friedlichsten Kindern noch nicht zu denken. Erst mit ungefähr sechs Monaten können Babys etwa zehn Stunden am Stück schlafen, da die Mahlzeit vom Abend bis zum Morgen vorhält. Allerdings muss die Spätmahlzeit um ungefähr zehn Uhr abends das Baby auch satt machen, dass es auch durchschläft. Wenn Sie Ihr Baby mit Ihrem Abendessen gemeinsam gegen sieben Uhr zum letzten Mal füttern, muss das Baby nachts Hunger bekommen. Und ein hungriges Baby wird wach. Das ist ein angeborener Überlebensreflex.

Babys, die noch lange Zeit nachts eine Mahlzeit bekommen, schlafen in der Regel wesentlich später durch, da sie durch das Trinken richtig wach werden und das Gehirn diese Zeit als feste Wachzeit abspeichert. Eigentlich bräuchte das Baby nachts gar keine Milch mehr. Wenn ein Baby, das älter als sechs Monate ist, nachts immer noch wach wird und trinkt, sollte man also als Erstes die Mahlzeit streichen. Nach und nach wird dann das Baby zwar noch kurz wach werden, aber auch wieder schnell weiterschlafen, wenn man z.B. sanft mit ihm spricht oder es streichelt. Und allmählich wird es dann auch ganz durchschlafen, es sei denn, es plumpst einmal der Schnuller heraus oder ähnliche leicht zu behebende Ursachen, die einfach dazugehören.

Mein Tipp

Nicht sofort hochnehmen

Es ist als frisch gebackene Mutter bzw. als Elternteil einfach schwierig abzuschätzen, besonders am Anfang, wann das Baby nachts unsere Hilfe braucht. Halten Sie es einfach so:
Wenn Ihr Baby nachts schreit, heben Sie es nicht sofort aus seinem Bettchen heraus. Häufig ist nur Träumen die Ursache oder es beruhigt sich von selbst bald wieder. Wenn Sie merken, dass es länger schreit, versuchen Sie es zunächst erst mit beruhigenden Worten wieder einzuschläfern. Machen Sie auch möglichst wenig Licht, damit Ihr Baby erst gar nicht richtig wach wird und bemerkt, dass jetzt eigentlich Schlafenszeit ist.

Ein krankes Baby schläft nicht gut

Seien Sie auch nicht enttäuscht, wenn Ihr Baby eigentlich schon lange durchschläft und dies urplötzlich nicht mehr tut. Erstens durchläuft es Entwicklungsphasen, durch die es seine Umwelt allmählich bewusster wahrnimmt. Das zu verarbeiten ist manchmal gar nicht so einfach. Wenn Babys dann z. B. nachts träumen, schrecken sie manchmal auf und finden dann teilweise nur mühsam wieder in den Schlaf. Außerdem verändert sich ihr Schlafbedürfnis und damit auch ihr Schlafrhythmus, sodass Babys, die bisher immer durchgeschlafen haben, plötzlich jede Nacht aufwachen. Nach einiger Zeit pendelt sich das meist wieder ein, wenn man darauf achtet, dass das Baby nicht tagsüber schon zu viel schläft, sodass es nachts nicht mehr müde ist.

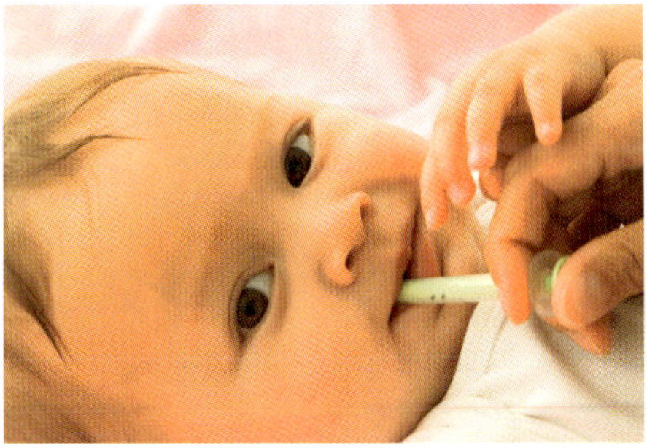

▲ Wie Erwachsene auch, schlafen kranke Babys unruhiger.

Auch ein Besuch bei Oma und Opa kann den nächtlichen Rhythmus gänzlich über den Haufen werfen. Aber auch da heilt die Zeit Wunden und nach einigen Tagen hat sich das Baby meist wieder umgestellt. Auch Zahnen, Bauchweh oder Krankheiten können der Grund dafür sein, dass Ihr Baby plötzlich nicht mehr durchschläft. Versuchen Sie in dieser Zeit auf keinen Fall, irgendwelche Durchschlafübungsprogramme durchzuziehen. Es hat sowieso keinen Sinn und außerdem hat Ihr Baby ja einen Grund, nicht schlafen zu können. Stellen Sie sich, wenn Ihr Baby nicht ganz gesund ist, am besten gleich auf eine unruhige Nacht ein und sagen Sie wenn möglich für den nächsten Tag wichtige oder anstrengende Termine

Mein Tipp

Schnuller-Alarm

Wenn sich Ihr Baby an einen Schnuller gewöhnt hat, wird es immer, wenn es diesen nachts verloren hat, anfangen zu schreien. Und es wird auch nur zu beruhigen sein, wenn Sie aufstehen und ihm den Schnuller wieder in den Mund stecken. Erst wenn Ihr Baby mit zehn bis zwölf Monaten so weit ist, dass es den Schnuller in der Dunkelheit selbst suchen kann, werden Sie das Problem nicht mehr haben. Ein kleiner Trick ist auch, dem Baby einfach mehrere Schnuller gleichzeitig neben sein Köpfchen zu legen, damit es wenigstens einen davon nachts schnell findet.

ab, da Sie voraussichtlich zu nicht viel Schlaf kommen werden. Wenn man vorab mit dem Ärgsten rechnet, wird die Nacht häufig nur halb so schlimm. Und wenn es dem kleinen Spatz wieder besser geht, hat er meistens durch seine Krankheit ein Schlafdefizit, sodass ein paar Nächte folgen, in denen er besonders gut schläft.

Ab wann ein Baby allein schläft

Ein Neugeborenes kann gar nicht nahe genug bei Ihnen sein. Entgegen der landläufigen Meinung kann man ein Baby in diesem Alter noch gar nicht verwöhnen. Es ist völlig und ganz auf Sie angewiesen und braucht den ständigen Körperkontakt ganz dringend, um sein Urvertrauen zu Ihnen aufzubauen. Es muss wissen, dass Sie immer und zu jeder Zeit da sind, wenn es Sie braucht. Und dieses Gefühl wird es nur erlangen, wenn Sie es trösten, wenn es weint, indem Sie es fest an sich drücken und zeigen, dass es niemals allein ist.

Das bedeutet nicht, dass Sie Ihr Baby ständig auf dem Arm tragen müssen. Wenn es schläft oder auch wach, satt und zufrieden

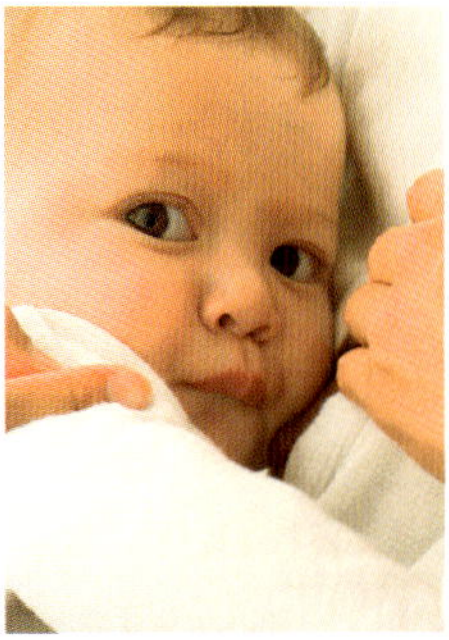

ist, soll es ruhig eine Zeitlang alleine in seinem Bett liegen, wohlwissend, dass Sie in seiner Nähe sind. Aus diesen Gründen halte ich es auch für wenig sinnvoll, das Baby allein in seinem Zimmer schlafen zu lassen. Es hört Sie nicht atmen und fühlt sich allein gelassen. Außerdem haben Sie auch eher die Sicherheit, dass mit Ihrem Baby alles in Ordnung ist. Wenn es so allmählich lernt, dass es gar keine Angst zu haben braucht, wird es auch später keine Probleme haben, alleine zu schlafen. Mit ungefähr einem halben Jahr ist es sinnvoll, das Baby allmählich an das eigene Zimmer zu gewöhnen. Wichtig ist in jedem Fall, dass das Baby allein einschläft, indem Sie es wach ins Bettchen legen (Seite 68).

JETZT SCHON VORBEREITEN

Wiege mieten

Ein Kinderbettchen, das später einmal im Kinderzimmer Platz finden muss, wird in den ersten Monaten wahrscheinlich erst einmal unbenutzt bleiben, wenn Sie sich dazu entschließen, Ihr Baby in Ihrer Nähe schlafen zu lassen. Dazu eignen sich ein Stubenwagen oder eine Wiege, die auch von einem ins andere Zimmer geschoben werden können. Beides ist komplett mit Matratze erhältlich. Außerdem besteht die Möglichkeit, Wiegen oder Stubenwagen anstatt zu kaufen, für die kurze Zeit, in der Sie sie benötigen, zu mieten (Seite 170).

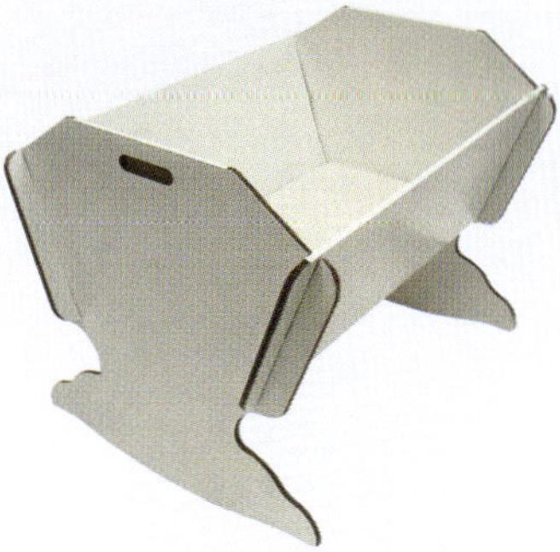

Darf das Baby mit ins große Bett?

Insbesondere, wenn Sie stillen, ist es sehr praktisch, Ihr Baby nachts sehr nahe bei sich zu haben. Da bietet sich natürlich an, das Baby mit in Ihr großes Bett zu nehmen, da Sie nicht aufstehen müssen, um zu stillen und somit meistens Ihr Baby erst gar nicht richtig wach wird. Allerdings besteht dabei die Gefahr, dass Sie sich während des Schlafs aus Versehen auf Ihr Baby rollen oder es versehentlich mit Ihrer Decke überhitzen.

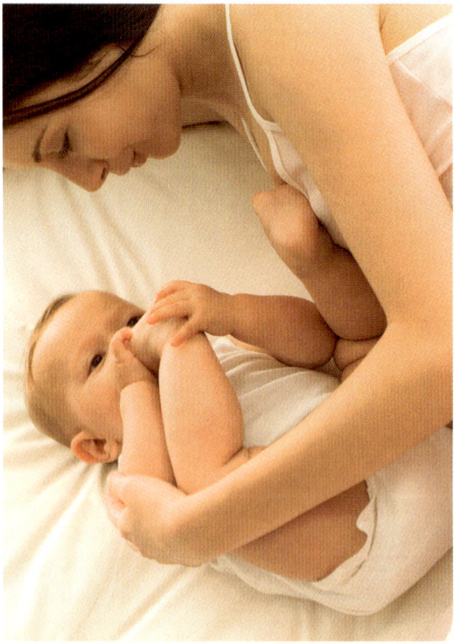

▲ Schmuseattacke im großen Bett – wunderbar!

Günstig als Alternative bietet sich eine Betterweiterung extra für Säuglinge an (Seite 163). Oder Sie stellen sich einfach den Stubenwagen oder die Wiege dicht neben Ihr Bett. Bis zum Einschlafen oder auch gleich nach dem Aufwachen können Sie Ihr Baby ja gleich wieder zum Kuscheln zu sich ins Bett holen. Es ist einfach ein schönes Gefühl, gemeinsam mit dem süßen Baby in einem warmen Bett zu schmusen.

Muss man nachts wickeln?

In den ersten Wochen nach der Geburt wird ein Baby auch nachts noch ungefähr alle drei Stunden wach. Meistens ist dann auch die Windel voll und Sie sollten sie wechseln, da der empfindliche zarte Babypo den aggressiven Substanzen des Stuhls nicht unnötig lange ausgesetzt sein sollte. Mit der Zeit wird Ihr Baby allmählich mehrere Stunden durchschlafen und dadurch auch nachts weniger Nahrung zu sich nehmen. Somit werden die vollen Windeln auch eher auf die Tagesstunden verlegt. Außerdem wird mit jedem Tag die Babyhaut ein wenig robuster und unempfindlicher, sodass es nachts ein paar Stunden ungewickelt auch ohne roten Po übersteht.

Bei Babys, die tagsüber viel trinken, stellt sich manchmal auch das Problem, dass die Windel nachts regelrecht überläuft. Da hilft nur, eine Nummer größer bei der Windelgröße zu nehmen.

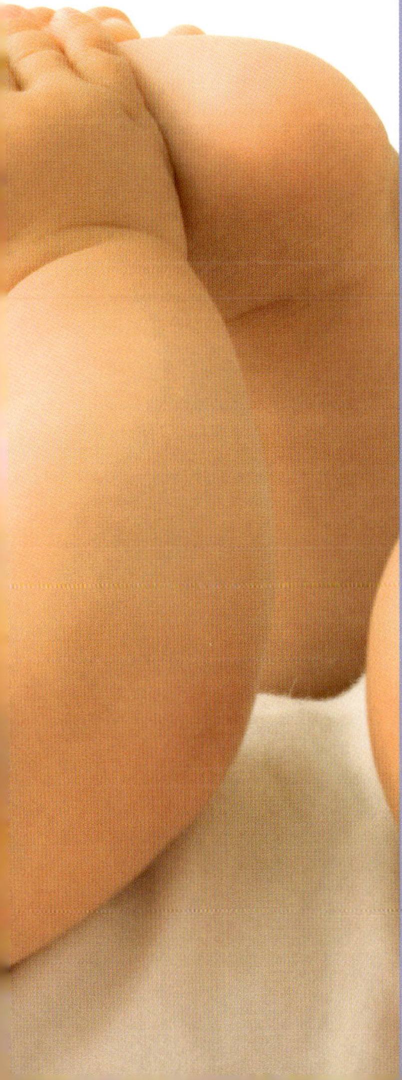

Baby-Gesundheit

Das Neugeborene ist zart und empfindlich und wird mit der Zeit erst robuster. Manchmal spuckt es, ein anderes Mal ist der Po wund. Doch all diese kleinen Hürden sind mit ein bisschen Vorbereitung ganz leicht zu nehmen.

Täglich frische Luft

Seit Sie schwanger sind, ergeht es Ihnen sicherlich wie den meisten anderen werdenden Eltern auch: Plötzlich sehen Sie überall Babys!! Überall liegen sie im Kinderwagen, geschoben von Müttern oder Vätern. Sie tauchen überall auf: Beim Einkaufsbummel, im Park, selbst beim Spaziergang im Wald fühlen Sie sich plötzlich von joggenden Eltern in entsprechend ausgerüsteten Kinderwagen (man nennt sie Jogger) umzingelt. Und das nicht nur bei prächtigem Sonnenschein. Haben die denn zu Hause nichts Besseres zu tun? Macht es denn so viel Spaß mit dem Kinderwagen unterwegs zu sein? Spaß hin, Sport her. Die tägliche Ausfahrt ist für Ihr Baby ganz wichtig, ziemlich egal bei welchem Wetter. Nur Neugeborene dürfen bei Eiseskälte lieber noch ein paar Tage drinnen bleiben. Sie sollten mit Ihrem Baby vom ersten Tag an

▲ Babys sollten täglich frische Luft schnappen.

JETZT SCHON VORBEREITEN

Sonnige Wege auskundschaften

Vielleicht halten Sie schon einmal die Augen offen, wenn Sie draußen unterwegs sind. Wenn Sie bald jeden Tag mit dem Baby an der frischen Luft sind, macht es Sinn, wenn Sie von Anfang an wissen, welche Wege mit dem Kinderwagen gut passierbar sind, wo am schönsten die Sonne scheint und wo sich Parkbänke für die Stillpause befinden.

Mein Tipp

Für Luftfeuchtigkeit sorgen

Die Raumluft ist besonders im Winter oft viel zu trocken. Das führt dazu, dass die Schleimhaut in der kleinen Babynase austrocknet und anfälliger für Keime wird, die z.B. Schnupfen verursachen. Dagegen hilft, viel an die frische Luft zu gehen oder im Winter feuchte Tücher über die Heizung zu hängen. Sie können auch einen zur Hälfte gefüllten Wasserkocher im Kinderzimmer auskochen lassen.

an die frische Luft gehen. Dadurch kommt das Immunsystem in Schwung und Sie selbst haben, bei entsprechender Geschwindigkeit, Ihr tägliches Fitnesstraining. Außerdem soll sich der kleine Körper ruhig von Anfang an an kalte und warme Temperaturen gewöhnen.

Richtig gekleidet für den Spaziergang

Bei Ihrem neugeborenen Baby müssen Sie nur darauf achten, dass es nicht auskühlt, da die Temperaturregulation oftmals noch nicht ganz optimal funktioniert. Am besten ist das Zwiebelschalenprinzip – das heißt mehrere Kleidungsschichten übereinander, da so in den Zwischenräumen mit der Luft viel Wärme gespeichert werden kann. Wenn Sie den anfangs noch sehr zarten Haarflaum Ihres Babys sehen, wird Ihnen klar: Ein Mützchen muss immer getragen werden, auch im Sommer. Die weichen Haare bieten zu wenig Schutz gegen Kälte oder zu intensive Sonne.

Bei besonders kleinen leichten Winzlingen oder solchen, die noch

Probleme mit dem Warmbleiben haben, können Sie auch eine Wärmflasche für Säuglinge in den Kinderwagen legen (Seite 170).

Und dann kommt es noch ein bisschen darauf an, was für einen Typ Baby Sie haben. Ist es eher ein Verfrorenes, das immer kalte Hände und Füße hat oder schwitzt Ihr Baby sehr schnell, was man in diesem Alter besonders am Hinterkopf spürt. So kann das zusätzliche Jäckchen beim Spaziergang für das eine Baby wichtig und für das andere schon einen Tick zu warm sein. Aber keine Sorge – das bekommen Sie bald heraus.

Auch Sie werden sich in ein paar Monaten in die Karawane der Kinderwagen einreihen und es vielleicht herrlich finden – so ging es zumindest mir! Vielleicht fragen Sie schon mal nach den schönsten und kinderwagengeeignetsten Spazierwegen?

JETZT SCHON VORBEREITEN

Rückbildungskurs

Der richtige Zeitpunkt, einen Rückbildungskurs zu beginnen, ist ab der dritten Woche nach der Geburt. Den Beckenboden zu stärken und durch Übungen zu kräftigen ist immens wichtig, um später nicht Inkontinenz oder Schlimmeres zu bekommen. Die Kosten für die Gymnastik trägt die Krankenkasse. Melden Sie sich am besten noch vor der Geburt bei einer Hebamme zu einem Rückbildungsgymnastikkurs an. Unter www.hebammensuche.de finden Sie eine Hebamme in Ihrer Nähe.

Sonne in Maßen

Hurra, der Sommer ist da. Damit Sie den Sommer genießen können, sollten Sie unbedingt ein paar Dinge beachten. Ihr kleiner Empfindling hat noch ausgesprochen sensible Haut. In diesem zarten Alter ist eindeutig die vornehme Blässe angesagt, denn die ultravioletten Strahlen der Sonne können in sehr kurzer Zeit einen Sonnenbrand verursachen, den das gute Hautgedächtnis nicht so schnell verzeiht. Zur Vorsicht sollten Sie Ihrem Baby immer ein langarmiges dünnes Hemd oder T-Shirt sowie eine leichte lange Hose anziehen, wenn Sie sich mit ihm in der Sonne aufhalten. Außerdem ist ein Sonnenhut wichtig, möglichst mit einer breiten Krempe, die auch den Nacken bedeckt, da es leicht zu Überhitzung des Kopfes kommen kann und zum anderen die dünnen Härchen noch wenig Schutz vor Sonnenbrand bieten.

Am besten für Ihr Baby insbesondere im ersten Lebensjahr sind die ganz frühen Morgenstunden und die frühen Abendstunden zum Spazierengehen. Machen Sie gemäß dem mediterranen Vorbild mittags Siesta, wenn die Sonne am höchsten steht und die größte Intensität hat. Wenn Sie Ihr Baby zusätzlich, z.B. im Gesicht, vor der Sonne schützen wollen, sollten Sie zu einer Sonnencreme greifen, die Mikropigmente enthält und gleichzeitig vor ultravioletten A- und B-Strahlen schützt. Diese Art von Creme legt sich wie ein Schutzfilm auf die Haut und zieht nicht ein. Aber dann steht dem gemeinsamen Sommer-Sonnenvergnügen auch wirklich nichts mehr im Wege!

Mein Tipp

Sonnenschutzkleidung

Es gibt spezielle Kleidung, die das Baby vor ultravioletter Strahlung schützt. Insbesondere für den Badeurlaub am Meer ist so eine Anschaffung empfehlenswert, da auch Badeanzüge und Sonnenhüte aus diesem Material erhältlich sind. Durch nasse Kleidung wirkt die Sonneneinstrahlung nämlich noch intensiver.

Die ersten Zähnchen

Kaum zu glauben, wie sehr man sich als Eltern freut, wenn so um den sechsten Monat herum etwas Weißes aus dem Zahnfleisch herauslugt. Es ist wahrscheinlich einfach die Tatsache, dass Zähne als ein weiterer Meilenstein in der Entwicklung des Babys für jedermann sichtbar sind. Außerdem wird durch Zähne eine neue Esswelt eröffnet, weg von der Milchflasche und den Breis. Dabei werden die Eltern häufig auf eine harte Probe gestellt, wenn das Nachbarskind bereits mit fünf Monaten zwei Zähnchen besitzt und das eigene mit acht Monaten noch keinen einzigen vorzuweisen hat. Aber lassen Sie sich bloß nicht verunsichern! Die Sache mit dem Zahnen ist nun mal von Baby zu Baby unterschiedlich.

▲ Zähne zu bekommen tut manchem Baby weh.

So groß die Freude am Geburtstag des ersten Zahnes ist, so hart kann aber der Weg bis dorthin sein. Oft bereiten sie den Babys nämlich mehr oder weniger starke Schmerzen noch lange bevor von ihnen auch nur die geringste Spur zu sehen ist. Manchmal ist das Zahnfleisch dann angeschwollen und gerötet. Geben Sie Ihrem Baby dann etwas Hartes wie z.B. eine Brotrinde zum Draufbeißen – das tut gut. Manche Babys sind sehr quengelig in dieser Zeit, manche bekommen bei jedem neuen Zahn einen wunden Po und einige fiebern auch. In der Regel überstehen die Kleinen jedoch mit etwas Trost und Zuspruch auch diese erste Hürde des Lebens.

Mein Tipp

Zahnhilfe

Kaltes tut gut beim Zahnen. Kaufen Sie sich deshalb einen speziellen Beißring für Babys und legen ihn $^1/_2$ Stunde in den Kühlschrank. Und sobald die ersten Zähnchen sichtbar sind, müssen Sie auch schon geputzt werden. Am Anfang können Sie dafür ein Mullläppchen oder ein Taschentuch verwenden, mit dem Sie die Zähnchen einfach abwischen. Wenn schon mehrere da sind, gibt es spezielle Babyzahnbürsten mit Gummiborsten (Seite 171). Zahncreme sollte man zunächst ohne Fluor verwenden, solange die Babys oder Kleinkinder sie noch herunterschlucken. Übrigens: Zuckerhaltige Getränke (auch Saft) aus dem Fläschchen getrunken verursachen besonders schnell Karies, den sogenannten Nuckelflaschenkaries (NFK).

Wenn der Po wund ist

Wenn ein Baby auf die Welt kommt, achtet man tatsächlich auf jede Kleinigkeit, das die zarte Pfirsichhaut in seiner Vollkommenheit stören könnte – so ging es mir zumindest am Anfang. Und dann passiert es eben doch einmal, trotz sorgfältigem Pflegen und Cremen – der Po Ihres Babys ist wund. Ist doch eigentlich nicht erstaunlich, dass so eine dünne empfindliche Babyhaut wund wird, wenn sie tagtäglich mehr oder weniger lange Zeit mit Urin und Stuhl in Berührung kommt. Und wenn es sich dann womöglich auch noch manchmal um Durchfall handelt, dann ist der Stuhl oft sehr sauer und für die Haut noch aggressiver, als sonst. Zusätzlich kommt durch die Windel sehr wenig Luft an die Haut, wodurch noch leichter Entzündungen entstehen können. Kurzum – so ein roter Babypopo kommt recht häufig und selbst bei gewissenhaftesten Müttern vor. Zum Glück verschwindet er auch so schnell wieder wie er gekommen ist.

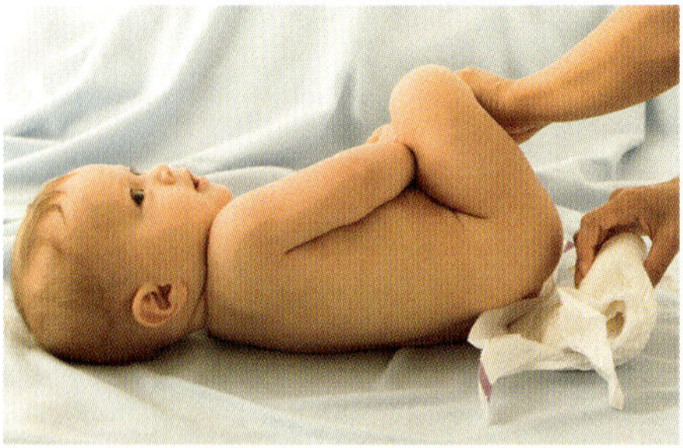

▲ Mit der richtigen Pflege geht's dem wunden Po bald besser.

Es gibt ein paar Tricks, wie man das Wundwerden vermeiden kann. Ganz wichtig ist, das Baby häufig zu wickeln, sodass der Windelinhalt möglichst kurze Zeit Kontakt mit der Haut hat. Bei Durchfall muss man dann dementsprechend noch häufiger die Windel wechseln. Tragen Sie zum Schutz immer eine schützende Pocreme auf, z.B. eine die Zink oder Mandelöl enthält – aber bitte nicht zu dick, da die Haut sonst nicht atmen kann (Seite 32).

JETZT SCHON VORBEREITEN

Babypflegekurs buchen

Manche Eltern möchten so viel wie möglich über die Babypflege wissen und belegen einen sogenannten Babypflegekurs in Familienbildungsstätten, bei einer Hebamme oder Kinderkrankenschwester. Als man noch in Großfamilien aufwuchs, war das bestimmt nicht notwendig, man bekam einfach automatisch alles mit. Im Kurs wird in der Regel das Wickeln, Baden, die Eingewöhnungsphase und die Erstausstattung besprochen.

Erste Hilfe für den Po

Und wenn der Po dann doch mal rot geworden ist, hilft sehr gut ein Bad mit Kleie (z.B. Kleiebad von Töpfer R) in nicht zu warmem Wasser, etwa fünf bis zehn Minuten lang (Seite 165). Außerdem gibt es eine Reihe von Heilsalben, die Ihnen teilweise Ihr Kinderarzt verschreiben kann. Manchmal steckt nämlich zusätzlich noch eine Pilzinfektion dahinter. In dem Fall muss in der Salbe auch noch ein Anti-Pilzmittel mit eingerührt sein. Wenn der Po so wund ist, dass offene Stellen entstanden sind, ist es für das Baby übrigens angenehmer den Po auf niedrigster Stufe trocken zu föhnen, anstatt ihn abzutrocknen.

Mein Tipp

Tägliche Pflege

Reinigen Sie den Po Ihres Babys täglich am besten mit möglichst nur lauwarmem Wasser. Das belebt den Kreislauf des Babys und macht die Haut widerstandsfähiger gegenüber Entzündungen. Benutzen Sie Feuchttücher am besten nur für Reisen, da sie häufig Parfümstoffe enthalten, die der Haut nicht gut tun (Seite 164).

Schmuseeinheiten sind wichtig

Sie müssen sich einmal vorstellen, wie gemütlich es das Baby im Bauch hat: Stets angenehme Temperaturen, immer ein gedecktes Büfett und ganz nah am gewohnten Herzschlag seiner heiß geliebten Mutter. Und dann plötzlich ist mit einem Mal alles anders. Es ist kalt, man muss schreien, wenn man hungrig ist und die Mama ist manchmal irgendwo ganz anders. Ist doch schrecklich, oder? Das Einzige, was dagegen hilft, ist möglichst viel Körperkontakt.

Durch das Stillen sind Sie ohnehin Ihrem kleinen Spatz die meiste Zeit des Tages ganz nah. Wenn das Baby müde wird und einschläft, wird es genauso wie Sie genießen, geborgen in Ihren Armen einzuschlafen. Auch beim Wickeln sollten Sie Ihren Winzling möglichst am ganzen Körper streicheln und küssen. Das schult die Körperwahrnehmung und gibt dem Baby die Sicherheit, dass es rundum geliebt wird. Es nimmt die meisten Reize über seine Haut auf. Das Sehen reift ja erst noch richtig aus und das Hören ist in erster Linie wichtig, um sich an die Stimme der Mutter zu gewöhnen und sich von ihr beruhigen zu lassen. Neugeborene brauchen überhaupt nur Milch, Schlaf und Kuscheln. Das macht glückliche Babys und später fit fürs Leben.

Lassen Sie ruhig regelmäßig auch den Papa kuscheln. Der kann das nämlich auch recht gut und es stärkt außerdem die Beziehung zwischen ihm und dem Baby. Wenn nur die Mutter zählt, kann dies manchmal wirklich zum Problem werden, wenn Sie einen Termin haben und fort sind.

JETZT SCHON VORBEREITEN

Die Zeit zu zweit genießen

Genießen Sie jetzt unbedingt noch die Zeit zu zweit mit Ihrem Partner. Es wird bald nie mehr so ruhig sein wie jetzt, da bald immer noch jemand da ist, der ständig auch geschmust werden möchte. Da kann so ein Partner schon mal zu kurz kommen. Mir hat es auch geholfen, sich von vornherein auf Störungen einzustellen und so nicht ständig enttäuscht zu sein, wenn das Baby andauernd in die wohlverdienten Feierabendstunden hineinplatzt.

Manchmal kneift der Bauch

Manchmal hat das Darmsystem in den ersten Wochen nach der Geburt zunächst noch etwas Anlaufschwierigkeiten. Das äußert sich in Form von Blähungen und Bauchschmerzen. Das männliche Geschlecht ist hier von der Natur aus benachteiligt, da Jungen deutlich häufiger unter Bauchkrämpfen leiden als Mädchen. Gemeinerweise werden die Babys davon typischerweise in den Abendstunden geplagt – dann, wenn einem selbst ohnehin die Puste ausgeht und man schon den ganzen Tag auf den Beinen war. Wenn dann noch das Baby zu schreien beginnt, heißt es Nerven bewahren. Oft hilft eine Spazierfahrt im Kinderwagen. Manche schwören auf das Tragen in der Fliegerstellung, indem man das Baby mit dem Bauch nach unten auf dem Unterarm schaukelt. Die meisten Babys beruhigen sich auch beim Autofahren. Vorsicht – als regelmäßige Einschlafmethode scheint diese mir allerdings ungeeignet.

Wohltuend für das Baby sind Bauchmassagen mit Kümmelöl aus der Apotheke im Uhrzeigersinn (Seite 166). Das hilft auch die Winde loszuwerden. Und dann gibt es noch eine äußerst beruhigende Tatsache, nämlich die, dass die Bauchschmerzen in der Regel nach den ersten drei bis vier Monaten verschwunden sind, woher auch der Begriff Dreimonatskoliken kommt.

Mein Tipp

Wenn Mamas Essen Bauchweh macht

Wenn Sie stillen, sollten Sie selbst ein wenig auf Ihre Ernährung achten, da bestimmte Nahrungsmittel blähend wirken und sich dies auf die Muttermilch übertragen kann. Verzichten Sie deshalb in dieser Zeit möglichst auf Hülsenfrüchte wie Bohnen und Linsen sowie auf alle Sorten von Kohl: Brokkoli, Blumenkohl, Wirsing, Rosenkohl etc. Manche Babys reagieren auch mit Bauchweh, wenn die Mutter Kaffee trinkt oder viele Milchprodukte zu sich nimmt. Da jedes Baby ein bisschen anders ist, müssen Sie einfach ausprobieren, was Ihr kleiner Fratz nicht so gut verträgt. Aber keine Sorge – in der Regel vertragen die Babys das meiste, was Sie bei ganz normaler durchschnittlicher mitteleuropäischer Kost zu sich nehmen. Und wenn Sie sich mal ab und an genüsslich einen Milchkaffee gönnen oder zwischendurch auch eine Linsensuppe auf Ihrem Speiseplan steht, dann sind Sie noch lange keine Rabenmutter und Ihr Baby wird vielleicht ausgerechnet an diesem Tag keine Blähungen haben.

Wenn das Baby spuckt

Sie kennen wahrscheinlich alle die Milchspuren auf den Schultern von Eltern mit Babys, die nach dem Hochnehmen zum Aufstoßen entstehen. Natürlich steht in allen Ratgebern, dass man sich zuvor stets mit einer übergeworfenen Windel bewaffnen solle – aber ehrlich gesagt, aus der Praxis einer zweifachen Mutter gesprochen, – wie oft stößt das Baby erst viel später auf? Damit rechnet man selbst zumindest gar nicht mehr und schließlich hat man auch nicht in jeder Lebenslage eine Stoffwindel zur Hand.

Auf jeden Fall tun es alle Babys mehr oder weniger viel – das Spucken. Sie haben wahrscheinlich schon von irgendwelchen Müttern oder Schwiegermüttern gehört, dass Speikinder Gedeihkinder sein sollen, was soviel bedeutet wie: Babys, die ab und zu mal spucken, nehmen in der Regel am besten zu. An dieser Grundregel ist tatsächlich eine Menge Wahres enthalten. Babys, die besonders gierig und damit meist viel trinken, spucken anschließend mit dem Aufstoßen der mitgeschluckten Milch wieder einen Teil heraus. Diese Menge fällt allerdings überhaupt nicht ins Gewicht, da sie ohnehin insgesamt viel trinken und deshalb ausreichend zunehmen.

Achtung Rücklaufgefahr

Zusätzlich spuckfördernd wirkt die Tatsache, dass bei Babys der Muskel am Übergang von der Speiseröhre zum Magen noch nicht so gut schließt, sodass manchmal ein Teil des Mageninhaltes wieder zurückfließt. Da dies aus physikalischen Gründen auch direkt mit der Körperlage zu tun hat, kann man dem ein wenig entgegenwirken, indem man das Baby, insbesondere nach den

JETZT SCHON VORBEREITEN

Wäschetrockner anschaffen?

Man mag kaum glauben, wie groß die Wäscheberge sind, die so ein kleines Baby produziert. Eine praktische Hilfe ist für Familien ein Kondensat- oder Ablufttrockner, wenn Sie ausreichend Platz für ein Gerät haben. Lästiges Auf- und Abhängen der Wäsche entfällt, da Sie praktisch jeden Strampelanzug und Body in den Trockner stecken können.

Mahlzeiten, mit dem Oberkörper etwas erhöht lagert. Außerdem ist diese Rücklaufgefahr umso geringer, je dicker die Nahrung ist, was bedeutet, dass sich das Problem ab dem Breizufütterungsalter von ganz alleine bessert. Wenn das Baby ganz plötzlich zu spucken beginnt, kann es sich auch mal um eine Magen-Darm-Infektion handeln. Gehen Sie dann sicherheitshalber mit Ihrem Baby zum Kinderarzt.

Mein Tipp

Bäuerchen machen

Ganz wichtig ist, dass Sie sich ausreichend Zeit zum Aufstoßen nehmen. Am besten funktioniert es meist, das Baby aufrecht an die Schulter zu legen und ihm sanft auf den Rücken zu klopfen. Bei manchen Babys helfen besser kreisende streichelnde Bewegungen auf dem Rücken. Wenn sich so gar nichts tut, kann man das Baby auch mal zwischendurch in eine andere Körperlage bringen. Dadurch kommt oft die eingezwickte Luft besser nach oben.

Notfallapotheke für zu Hause

Mit Medikamenten ist es wie mit einem Regenschirm: Wenn man ihn zur Hand hat, regnet es bestimmt nicht. Aber ernsthaft – ein Baby wird oft zu den ungünstigsten Zeiten plötzlich krank. Nachts, wenn man im Urlaub ist oder wenn gerade kein Arzt erreichbar ist. Es sind auch nur ein paar wenige Arzneimittel, die man notfallmäßig schnell bei einem Säugling braucht. An erster Stelle steht das Fiebermittel und zwar am besten als Fieberzäpfchen (Seite 164). Wenn Sie eher homöopathisch behandeln wollen, gibt es auch Globuli gegen Fieber. Dennoch sollte man die schulmedizinischen Fiebersenker in der Hinterhand haben, falls die Globuli nicht anschlagen.

Der erste Schnupfen

Man denkt sich zunächst einmal – wie kann es sein, dass mein Baby jetzt plötzlich Schnupfen hat, wo ich doch so gut aufgepasst habe? Oder war die Decke gestern im Kinderwagen doch zu dünn? Oder hat das Nachbarskind seine Erkältungsnase zu nah in den Kinderwagen gehalten?

Machen Sie sich keine Sorgen, Babys und Kleinkinder werden nun einmal ab und zu krank – und zwar wesentlich häufiger als Erwachsene. Zehn Infekte im Jahr sind normal und keine Seltenheit. Das Immunsystem ist in diesem Alter noch nicht ganz fit und muss sich erst mit den Keimen auseinandersetzen. Aber trösten Sie sich, es handelt sich in der Regel um harmlose kleine Infekte, die bald wieder vorübergehen. Außerdem weiß man, dass viele Infekte in der Kindheit gegen Allergien und bösartige Erkrankungen gewissermaßen schützen. Wichtig ist, dass Ihr Baby trotz des Schnupfens ausreichend Luft bekommt, da es sonst Probleme beim Trinken hat. Hilfreich sind abschwellende Nasentropfen, die Ihnen Ihr Kinderarzt verschreiben kann (Seite 167). Manchmal genügt auch

JETZT SCHON VORBEREITEN

Hausapotheke anlegen

Ihr Kinderarzt kann Ihnen übrigens alle notwendigen Medikamente verschreiben und Sie dazu beraten. Hierzu gehören auf jeden Fall

- Nasenspray für Säuglinge
- Fieberzäpfchen
- Pinzette für Zecken

Falls Sie Ihr Kind auch homöopathisch behandeln wollen:

- Chamomilla D6 Globuli (Bauchschmerzen)
- Belladonna D6 Globuli (Fieber bei schwitzendem Baby mit rotem Kopf)
- Aconitum D6 Globuli (Fieber bei Baby mit heißer trockener Haut)
- Sambuccus nigra D6 Globuli (verstopfte Nase)
- Apis D6 Globuli (bei Insektenstichen)

Und dann sollte man auch noch für kleinere Verletzungen etwas da haben:

- Schere, Pflaster, Mullbinden, sterile Kompressen,
- eine spezielle Kompresse für Brandwunden,
- Hautdesinfektionsspray, Kühlpack

Wichtig ist,
dass Sie alles schnell für den Notfall greifbar haben. Kontrollieren Sie auch regelmäßig das Verfallsdatum der Medikamente.

Wichtige Notrufnummern
Notarzt 112
Giftzentrale Berlin:
(030) 45 05 35 55
Kinderarzt:

Notieren Sie sich die Notrufnummern irgendwo, wo sie gut sichtbar sind und Sie diese schnell finden, z. B. neben dem Telefon.

ein kochsalzhaltiges Nasenspray, um die Nasenwege wieder freizuräumen.

Mein Tipp

Schnupfen-Hausmittel

Eine frisch aufgeschnittene Zwiebelschale am Fußende hilft auch die entzündeten Schleimhäute zu heilen – sie enthält nämlich wertvolle ätherische Öle. Legen Sie unter die Matratze Ihres Babys ein paar dicke Telefonbücher, damit der Oberkörper etwas erhöht ist – so bekommt Ihr Baby besser Luft. Halten Sie die Luft im Schlafzimmer Ihres Babys möglichst kühl und sorgen Sie für eine ausreichende Luftfeuchtigkeit. Sie können dafür z.B. im Winter feuchte Tücher über die Heizkörper hängen oder abends einen halb gefüllten Wasserkocher mit geöffnetem Deckel auskochen lassen.

Babyakne

Es gibt wenig Zarteres auf der Welt als Babyhaut. Eigentlich möchte man am Anfang ständig daran riechen und zart hineinbeißen – ein Baby duftet schließlich herrlich nach Milch und Honig. Aber wehe, ein Makel trübt diese pfirsichartige Vollkommenheit! Als Mutter ist man einfach hoffnungslos perfektionistisch und ehrgeizig mit der Haut seines Babys. Und dabei liegt es in der Natur der Sache, dass so ein sensibles Etwas viel schneller auch entzündet oder gereizt ist als unsere dicke robuste Erwachsenenhaut. Sonne, Schweiß, Speichel, Nahrung, neue Cremes, usw. wirken allesamt auf den Neuankömmling ein.

Ihr Baby hat nach der Geburt noch eine Portion weiblicher Hormone von Ihnen in sich, die eine unreine Haut verursachen können.

JETZT SCHON VORBEREITEN

Ohne Parfüm

Für das Baby sollten Sie möglichst nur Cremes und Badezusätze ohne Parfüm benutzen, die empfindliche Haut verträgt noch keine Duftstoffe. Auch auf Weichspüler und stark parfümierte Waschmittel sollte man am besten ganz verzichten, da es dadurch häufiger zu Hautreizungen kommt. Vielleicht stellen Sie schon vorher um und gewöhnen sich langsam an den neuen Duft Ihrer Wäsche.

Aber seien Sie unbesorgt, nach ein paar Wochen sind die Hormone wieder abgebaut und auch sonst gehen die meisten Hauterscheinungen genauso schnell wieder wie sie gekommen sind. Und wenn sie einmal nicht von selbst verschwinden, dann hilft meist schon eine einfache Heilsalbe vom Kinderarzt.

Wenn das Baby Durchfall hat

Der Stuhlgang von Babys ist ohnehin besonders bei gestillten Säuglingen noch sehr weich. Außerdem muss sich die Darmflora erst nach und nach aufbauen, so dass der Darm für Infektionen aller Art noch anfälliger ist. Genauso schnell wie der Durchfall bei Babys gekommen ist, genauso schnell verschwindet er meist auch wieder. Und überhaupt ist Stillen in solchen Fällen die beste Therapie, da sie am besten verträglich ist für das Darmsystem.

Für Flaschenkinder sollte man eine Zeitlang die Milch etwas verdünnen. Man kann Babys auch zusätzlich Darmbakterien verabreichen, die sonst in der Muttermilch vorhanden sind. Bei größeren Babys spielt zunehmend für Durchfall die Ernährung eine Rolle. Da muss man manchmal Detektiv spielen, um herauszufinden, auf welches Nahrungsmittel das Baby vielleicht mit Durchfall reagiert haben könnte. Vorsicht ist nur geboten, wenn das Baby mehrmals täglich starke Durchfälle hat, da dann ein zu großer Flüssigkeitsverlust auftreten kann. Gehen Sie dann vorsichtshalber mit Ihrem Baby zum Kinderarzt.

Mein Tipp

Öfter die Windeln wechseln

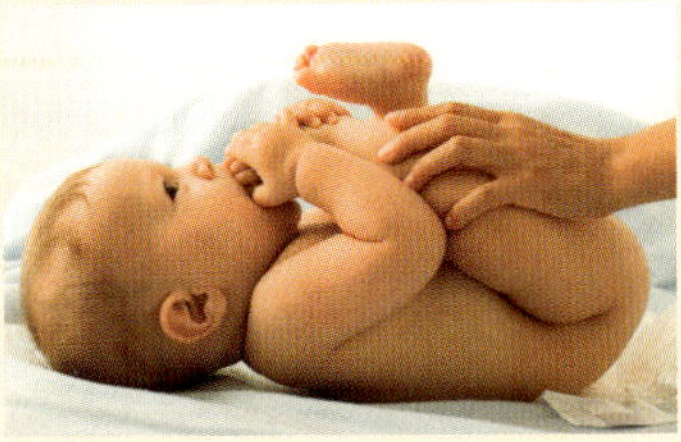

Wenn Ihr Baby Durchfall hat, ist es sehr wichtig, ihm häufig die Windel zu wechseln. Der Stuhl enthält nämlich sehr saure aggressive Bestandteile, die die zarte Babyhaut in kurzer Zeit reizen, sodass Hautrötungen entstehen. Verwenden Sie in dieser Zeit auch möglichst eine fette Heilsalbe, damit sich die Haut schnell wieder beruhigt.

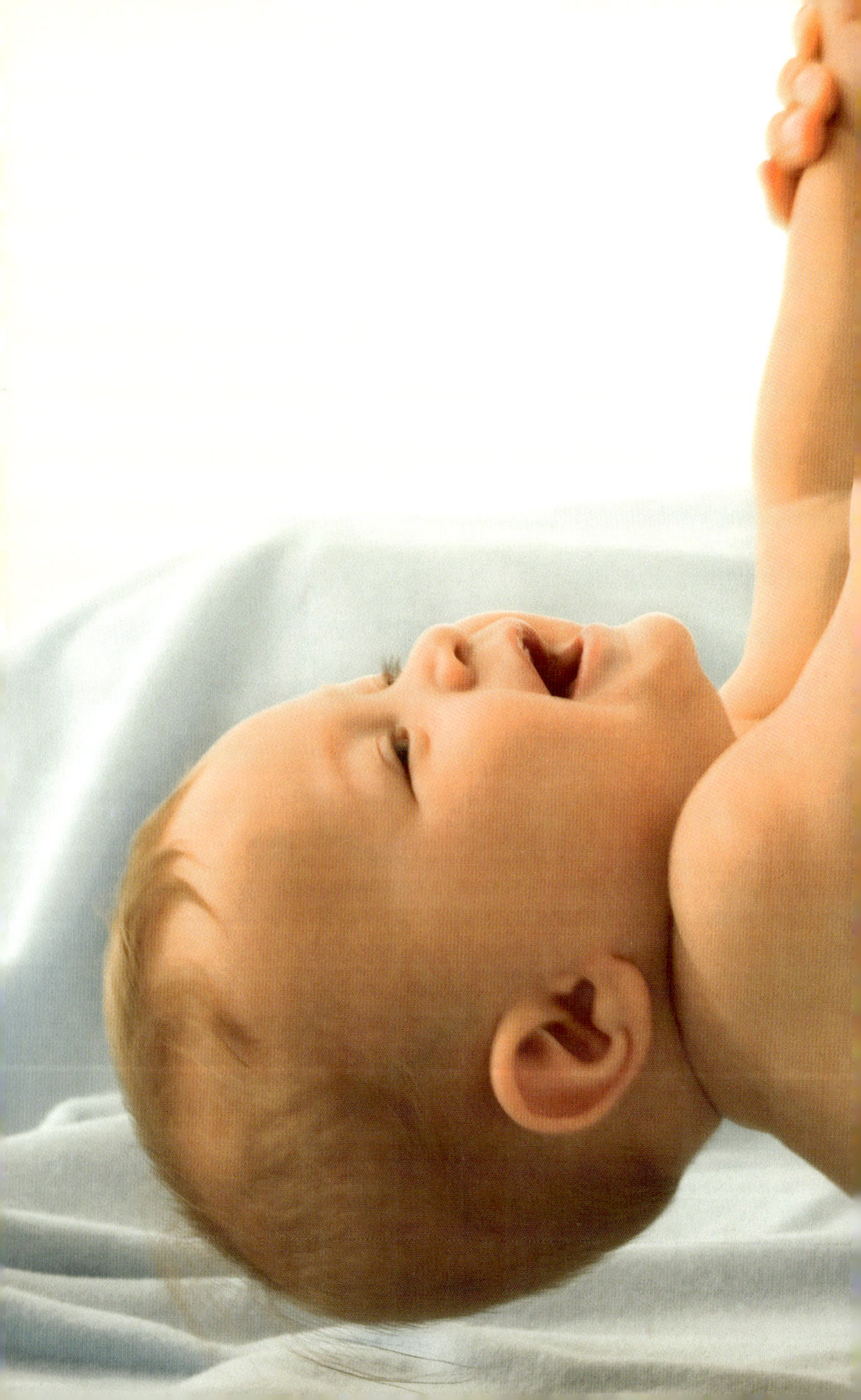

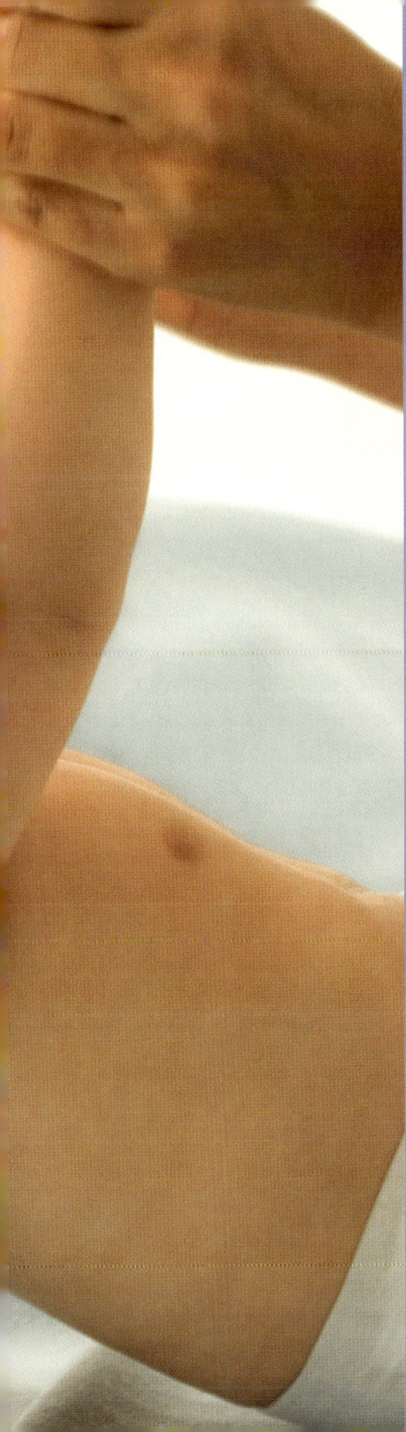

Babys Entwicklung

Anfangs sieht das Neugeborene nur eingeschränkt und hält meist Ärmchen und Beinchen angewinkelt. Doch schneller als man denkt wird aus dem hilflosen Säugling ein aufgewecktes Baby, das Sie morgens nach dem Aufwachen anstrahlt.

Meilensteine in der Entwicklung

Wie eine »normale Entwicklung« von Babys verläuft, das ist so eine Sache. Betrachten Sie nur einmal sich selbst und Ihren Partner und Sie werden feststellen, dass Sie in ganz unterschiedlichen Bereichen Stärken bzw. Schwächen haben. Der eine ist z.B. ein Ass im Sport, während der andere schon den Schulsport furchtbar fand – und dennoch würden Sie sich sicherlich beide als motorisch normal entwickelt betrachten, oder? So ähnlich ist das auch mit der Entwicklung der Babys. Es gibt Babys, die sich bereits mit drei Monaten zu drehen beginnen und aber auch diejenigen, die erst mit sieben Monaten Interesse an der Bewegung zeigen.

Bei Ungewissheit den Kinderarzt fragen

Ob irgendeine Entwicklung bedenklich ist, genau dafür sollte Ihr Kinderarzt da sein, da es für Sie enorm schwierig ist zu entscheiden, was normal ist. Außerdem werden Sie ja tagtäglich durch andere Mütter, die eigene Mutter und Elternzeitschriften verunsichert. Alle meinen stets ganz genau zu wissen, wann exakt sich Ihr Baby zu drehen hat. Wichtig ist aber, die Gesamtentwicklung zu betrachten. Ein Kinderarzt wird niemals ausschließlich darauf achten, ob sich ein Baby bereits drehen kann. Außerdem ist der Verlauf entscheidend. Holt das Baby innerhalb der nächsten Wochen seinen Rückstand auf oder ist es in manchen Dingen nur ein Spätzünder? Natürlich

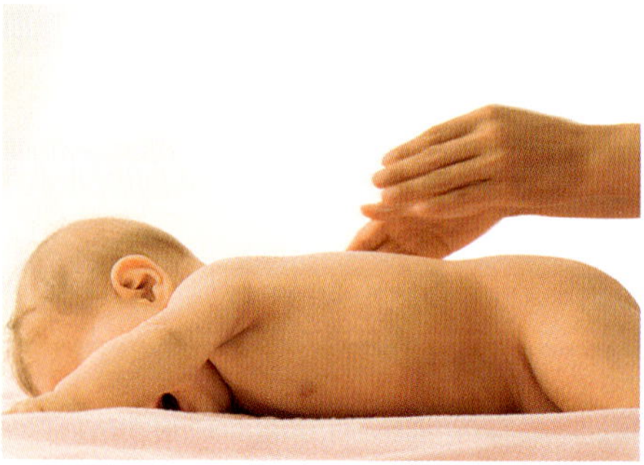

▲ Manche Babys drehen sich schon mit drei Monaten.

JETZT SCHON VORBEREITEN

Kinderärzte im Netz

Wenn Ihr Baby erst einmal einen Kinderarzt braucht, ist es von Vorteil, wenn Sie schon wissen, zu welchem Sie gehen. Meist stehen Eltern dann so unter Strom, dass sie nicht auch noch die Nerven haben in den gelben Seiten nach einem Arzt zu suchen. Und ob Sie einen Schulmediziner für Ihr Kind möchten oder lieber einen anthroposophisch behandelnden Arzt, das überlegt man sich am besten schon vorher. Im Internet finden Sie unter www.kinderaerzteim-netz.de die Seite des Berufsverbandes der Kinder- und Jugendärzte, auf der Sie beispielsweise nach Kinderärzten in Ihrer Nähe suchen können (Seite 165).

ist die Kenntnis solcher sogenannter Meilensteine der Entwicklung wichtig, um einen frühen Anhaltspunkt dafür zu bekommen, ob ein Baby in einem Bereich entwicklungsverzögert ist oder es gar Hinweise für eine Erkrankung gibt. Lassen Sie sich aber keinesfalls durch irgendwelche Normwerte verunsichern, die vielleicht gar nicht auf Ihr Kind zutreffen. Falls Sie unsicher sein sollten, gehen Sie zu Ihrem Kinderarzt und lassen Sie die Entwicklung Ihres Babys überprüfen.

Im Folgenden will ich Ihnen auch einen Eindruck darüber vermitteln, was sich in der Entwicklung eines Babys so alles im ersten Lebensjahr tut. Betrachten Sie diese Entwicklungsschritte aber bitte nicht als festgesteckte Ziele, die Ihr Baby zu erreichen hat. Manche Eltern gehen an das Thema zu ehrgeizig heran und verfolgen Babys Entwicklung mit dem Lehrbuch und werden ängstlich, wenn Ihr Kind eine Sache noch nicht beherrscht. Vergessen Sie das, es macht Sie nur nervös. Jedes Kind ist anders. Außerdem finden Sie zu den jeweiligen Altersstufen Anregungen, wie Sie Ihr Baby gezielt fördern können.

Die Motorik

Den Kopf können Babys gleich bewegen:
In den ersten Wochen nach der Geburt halten Babys meistens Ärmchen und Beinchen angewinkelt. Ab und zu strecken sie diese zwischendurch einmal aus, schnappen aber anschließend wieder in die leicht federnde Beugehaltung zurück. Auch die Hände sind überwiegend zur Faust geballt. Erst mit ungefähr zwei Monaten öffnen sie sie mehr und mehr, was wichtig für das spätere Greifen ist. Aktiv können sie schon kurz nach der Geburt für kurze Zeit in Bauchlage ihr Köpfchen heben und es von einer zur anderen Seite drehen. In dieser ersten Zeit überwiegen bei der Bewegung der Babys bestimmte reflexgesteuerte Muster wie z.B. der Moro-Reflex. Wenn der Oberkörper des Babys schnell nach unten bewegt wird, öffnet es beide Arme und Hände und führt sie in einer umgreifenden Bewegung wieder zusammen. Dies ist z.B. noch einer der uns gebliebenen Schutzreflexe aus früheren Zeiten. Er soll das Baby vom Hinunterfallen schützen, indem es sich durch diese Bewegung blitzartig an der Mutter festkrallt.

Wie Sie die Entwicklung nach der Geburt fördern können

Am Anfang ist Körperkontakt das A und O für Ihr kleines Baby. Der Tastsinn ist ein sehr altes Sinnessystem, das schon bei Neugeborenen bestens funktioniert. Über die Haut kann Ihr Baby wie über Tausende von kleinen Antennen Sinnesreize von außen aufnehmen, was die Gehirnentwicklung fördert. Außerdem schenkt ihm der innige Körperkontakt zu Ihnen das Gefühl,

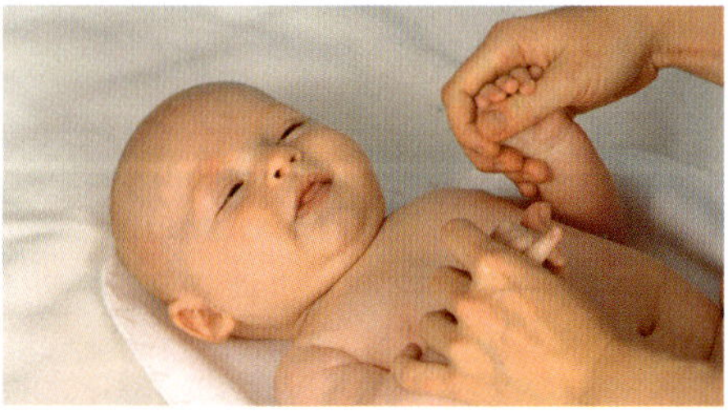

▲ Schmusen tut Babys gut.

JETZT SCHON VORBEREITEN

Heizstrahler zum Wickeln

Wird Ihr Kind nicht gerade im Hochsommer geboren, benötigen Sie von Anfang an einen Heizstrahler, den Sie über der Wickelkommode befestigen (Seite 165). Gerade die ganz Kleinen kühlen beim Wickeln schnell aus und benötigen eine wohlige Temperatur. Eine Alternative ist auch, den Platz zum Wickeln ins Badezimmer zu verlegen, das man gewöhnlich schneller und besser heizen kann als ein Kinderzimmer.

dass es geborgen und sicher ist. Nur ein glückliches zufriedenes Baby kann sich gut entwickeln.

Schmusen und tragen:
Nützen Sie jedes Wickeln dazu, Ihr Baby eine Weile ohne Windel strampeln zu lassen. Sorgen Sie z.B. durch einen Heizstrahler dafür, dass es angenehm warm ist. Auch Babymassagen fördern die motorische Entwicklung von Babys, da sie Reflexe aktivieren und Verschaltungen im Gehirn unterstützen. Achten Sie auch darauf, dass Ihr Baby tagsüber immer wieder die Lage wechselt. Legen Sie es eine Zeitlang auf den Rücken, aber dann auch wieder auf den Bauch. Da zum Schlafen die Rückenlage empfohlen wird, kommt gewöhnlich die Bauchlage zu kurz.

Ein anderes Sinnesorgan, das schon in diesem frühen Alter nicht zu kurz kommen darf, ist das Gleichgewichtsorgan. Durch Schaukeln und Wiegen wird ständig dieses im Innenohr befindliche Organ stimuliert, weil es sich auf unterschiedliche Körperlagen einstellen muss. Und genau das ist wieder für die gesamte motorische Entwicklung von Bedeutung. Das Herumtragen von Babys hat also wirklich einen Sinn.

JETZT SCHON VORBEREITEN

Tragehilfen ausprobieren

Viele Eltern schwören auf Tragetücher (z.B. von Didymos) oder andere Tragehilfen (z.B. Babybjörn), in denen sich viele Babys ausgesprochen wohl fühlen (Seite 169). Selbst Neugeborene können schon in einem speziell gewickelten Tuch in der hüftschonenden Spreiz-Anhock-Haltung transportiert werden. Falls Sie Eltern im Freundeskreis haben, die auch solch eine Hilfe für ihr Baby verwenden, könnten Sie ja vielleicht fragen, ob Sie sie einmal ausprobieren dürften. Sie merken dann schnell, ob sich diese Art zu tragen gut anfühlt oder nicht.

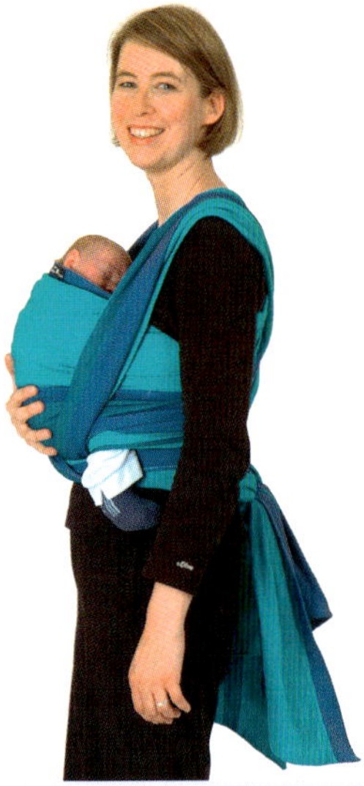

Greifen und begreifen

Im Alter von drei bis vier Monaten lassen die sogenannten primitiven Reflexe allmählich nach, was auch vom Kinderarzt überprüft wird. Auch halten die Babys Arme und Beine nicht mehr gebeugt. Die Babys beginnen jetzt mehr oder weniger gezielt auch die Ärmchen einzusetzen, sodass sie manchmal schon zur Seite kippen können. In der Bauchlage stützen sie sich auf den Unterarmen auf, sodass sie mehr von ihrer Umwelt wahrnehmen können.

Außerdem beginnen sie allmählich nach Dingen, wenn auch teilweise noch nicht ganz gezielt, zu greifen, halten sie aber noch

JETZT SCHON VORBEREITEN

Spielzeugkiste plündern

Vielleicht fragen Sie jetzt Ihre Eltern, ob es noch Spielsachen von Ihnen gibt. Oft gibt es noch das eine oder andere schöne Stück, das Sie jetzt auch für Ihr Baby benutzen können. Ein Nachmittag auf dem Speicher oder im Keller und in Erinnerungen herumwühlen, das gefällt werdenden Eltern meist sehr gut.

nicht fest. Mit ungefähr einem halben Jahr beginnen die Babys sich auf dem Bauch auf den Handflächen aufzustützen. Jetzt greifen sie ganz bewusst nach Gegenständen und stecken sie auch in den Mund. Das ist ganz wichtig zum Begreifen und Erkunden der Dinge. Niedlich ist auch, dass Babys es in diesem Alter schaffen, die eigenen Füßchen in den Mund zu stecken. Das würde uns doch einige Mühe bereiten. Häufig drehen sich die Babys in diesem Alter auch von einer zur anderen Seite. Manchmal machen sie auch in Bauchlage schon drollig rudernde Bewegungen, was ein bisschen wie Trockenschwimmen aussieht. Ungefähr ab dem sechsten Monat ist der Saugreflex auch so weit zurückgedrängt, dass das Baby lernen kann, vom Löffel zu essen. Auch das ist eine motorische Herausforderung und will erst einmal gelernt werden. Erst mit ungefähr einem Jahr wird es dann selbst mit den Händchen und mit ungefähr drei Jahren eigenständig mit einem Löffel essen können.

Spielzeug übers Bett hängen

Wenn Ihr Baby zu greifen beginnt, ist es wichtig, ihm allerlei einladende Gegenstände über sein Bettchen oder seine Wiege zu hängen. Wichtig ist, diese z.B. an einer Schnur oder Stange so

Mein Tipp

Klatsch- und Fingerspiele

Klatsch- und Fingerspiele, die die meisten Eltern selbst erst in Eltern-Kind-Gruppen lernen, stimulieren Babys besonders gut – fangen Sie frühzeitig damit an, diese einfachen Lieder möglichst in Reimform vorzusingen. Durch das gleichzeitige Stimulieren der Feinmotorik und des Sprechenlernens erfolgt eine Vernetzung im Gehirn, die das spätere Lesen und Schreiben unterstützt.

aufzuhängen, dass es sie erreichen kann. Interessant wirkt Spielzeug, das sich bewegt und dem Tast- und Sehsinn einfache Konturen und starke Kontraste liefert.

Achten Sie aber darauf, dass sich keine Kleinteile daran befinden, die sich ablösen und vom Baby verschluckt werden können. Sehr gut eignen sich auch Dinge, die beim Berühren Geräusche machen, z.B. eine kleine Glocke oder raschelndes Papier.

Bieten Sie Ihrem Baby auch alle möglichen unterschiedlichen Materialien zum Betasten und Befühlen an. Harte und weiche Materialien, glatte und raue Oberflächen, kalte und warme Dinge, usw. Mit etwa einem Jahr finden Babys es auch zunehmend spannend, Schubladen zu öffnen, Kästen auszuräumen oder z.B. auch Wäscheklammern in einen Korb zu füllen. Sehr gut geeignet zur Schulung der Feinmotorik ist auch das Spielen mit Bällen. Verwenden Sie zunächst fußballgroße Softbälle, die Sie Ihrem Baby entgegenkullern. Später gehen dann auch kleinere Bälle.

Wenn die Babys mobil werden

In den nächsten Monaten werden die Babys zunehmend motorisch lebhafter. Sie heben ihren Po in Bauchlage an, beginnen durch mehrmaliges Umdrehen durchs Zimmer zu rollen und dann kommen allmählich Robbbewegungen oder Krabbeln hinzu. Dabei entwickeln die Babys oft ganz unterschiedliche Methoden. Einige ziehen sich nur mit den Armen und einem Bein nach vorn, während lange Zeit das andere Bein ausgestreckt bleibt, manche rollen sich durchs Zimmer, um irgendwohin zu gelangen und wieder andere robben die ganze Zeit rückwärts. Oft enden diese Fortbewegungsmethoden nach ein paar Wochen dann letztendlich doch in einem ganz gewöhnlichen Krabbeln. Manchmal entscheiden sich die Babys allerdings auch vorher gleich aufzustehen. Übrigens perfektionieren die Kleinen ihre individuelle Fortbewegungsmethode oft so, dass sie gar keine Notwendigkeit darin sehen, das herkömmliche Krabbeln zu erlernen, da sie auch so mit unglaublicher Geschwindigkeit ihre jeweiligen Ziele erreichen.

Manche Babys robben nur, andere krabbeln und wieder andere tun eigentlich keines von beidem so richtig, sondern stehen irgendwann auf und beginnen zu laufen. Mit wie vielen Vorstufen das Baby/Kind das Laufen letztendlich erlernt, ist für die spätere Entwicklung völlig bedeutungslos.

Mein Tipp

Am liebsten auf dem Boden

Wenn Ihr Baby die ersten Fortbewegungsversuche startet, ist es besonders wichtig, ihm die Möglichkeit dazu zu geben. Lange Zeit im Auto oder im Kinderwagen zu sitzen hemmt die motorische Entwicklung eher. Am besten sollte sich der Alltag größtenteils auf dem Boden auf einem Teppich oder eine Matte abspielen, da so Ihr Baby ungestört herumkugeln oder krabbeln kann, ohne herunterzufallen.

Wenn das Baby aufsteht

Es ist schon ein unglaubliches Gefühl, wenn Ihr Baby mit ungefähr einem Jahr auf einmal aufsteht. Zunächst einmal wird es sich an allen festen und auch leider nicht so festen Gegenständen hochzuziehen beginnen. Das ist eine enorme Kraftanstrengung, da es dies ja mit seinem ganzen Körpergewicht entgegen der Schwerkraft tun muss. Am Anfang wird es auch nur kurze Zeit sehr wackelig stehen können, um dann wieder umzustürzen. Aber zum Glück ist den Babys eine gewisse Ausdauer im Erlernen dieser Dinge angeboren. Trotz zahlreicher Misserfolge probieren sie die neue Herausforderung immer wieder und erlangen dadurch Tag für Tag mehr Geschicklichkeit und Muskelkraft. Irgendwann können sie dann auch schon sicher stehen und sich vor allem auch allein wieder hinsetzen, ohne wieder einen unsanften Sturz zu riskieren. Wenn dies geschafft ist, beginnt Ihr Baby allmählich langsam am Sofa, Sideboard oder an der Heizung entlang zu laufen. Wieder tut es dies ganz alleine, ohne dass Sie es ihm jemals beibringen muss-

JETZT SCHON VORBEREITEN

Wohnraum scannen

Nutzen Sie jetzt schon einmal die Ruhe, um ganz entspannt Ihre Wohnung zu untersuchen. Ist das alles kindgerecht? Sollten Sie ohnehin vorhaben, das wackelige Bücherregal auszutauschen, ist jetzt der richtige Zeitpunkt dafür. Ein Kabeldschungel unterm Schreibtisch oder schimmelige Blumentöpfe haben in einer babyfreundlichen Umgebung nichts zu suchen.

ten. Und dann kommt irgendwann der Punkt, an dem Ihr Baby einfach mal mit einer Hand loslässt. Vor lauter Schreck über diese tollkühne Tat wird es sich gleich darauf wieder mit beiden Händen festhalten, aber von Tag zu Tag wird es diesen Versuch immer häufiger durchführen mit dem Erfolg, dass es bald nicht mehr beide Hände benötigt, um sicher zu stehen.

Mit ungefähr einem Jahr können die Babys auch frei sitzen. Dadurch können sie ungestört mit beiden Händen spielen, ohne dass sie diese zum Abstützen brauchen. Erst, wenn Ihr Baby sich von

Mein Tipp

Pinzettengriff

Mit einem Jahr lernen die Babys auch kleinere Gegenstände aufzuheben, indem sie diese zwischen Daumen und Zeigefinger nehmen. Diese Technik, die alle Babys anwenden, nennt man Pinzettengriff. Durch die jetzt schon sehr ausgereifte Feinmotorik können sie winzigste Krümel auflesen und auch schon ein paar Klötzchen aufeinanderstapeln.

alleine hinsetzen kann, ist diese Position auch sinnvoll. Wenn Sie es selbst zu früh zum Sitzen bewegen wollen, kann dies zu belastend für die Wirbelsäule sein und die motorische Entwicklung hemmen.

Der erste Schritt

Ihr Baby wird sich schon eine ganze Weile an Ihrem Hosenbein hochziehen und an Ihren beiden Händen durchs Wohnzimmer marschiert sein, da wird plötzlich eines Tages das Unfassbare passieren – Ihr Baby steht ein paar Schritte von Ihnen entfernt und hält sich an etwas fest und Sie rufen ihm mit beiden Armen ausgestreckt aufmunternd zu, dass es doch zu Ihnen kommen solle. Und dann – dann tut es dies einfach: Es lässt sich los und wankt ein paar Schritte auf sie zu. Meist sind die Babys so erschrocken, dass sie sich gleich wieder hinsetzen. Manche marschieren auch ab diesem Zeitpunkt nur noch. Andere legen erst noch eine Bedenkpause ein, bevor es dann so richtig losgeht. Da das Laufen anfangs noch langsam geht, stellen Babys auch oft noch auf Krabbeln oder Robben um, wenn sie es eilig haben und z.B. ganz schnell zu ihrer Mutter wollen. Aber mit jedem Tag werden die Kleinen sicherer, und bald kann man sich als Eltern schon nicht mehr vorstellen, dass diese Fortbewegungsmethode irgendeinmal noch nicht funktioniert hat.

Das Hören

Man geht davon aus, dass ein Baby die Geräusche von draußen schon im Mutterleib gedämpft hört. So ist ihm auch schon vor der Geburt die Stimme seiner Mama vertraut und so weiß es auch da

Mein Tipp

Laufen lernt jedes Kind

Manche Babys laufen schon mit zehn Monaten, während andere bis zum achtzehnten Monat noch krabbeln. Lassen Sie sich durch keine drängelnden Nachfragen von Freunden oder Verwandten verunsichern. Die Babys sind einfach unterschiedlich veranlagt, was zu einem großen Teil auch genetisch festgelegt ist. Fragen Sie einmal Ihre Eltern – vielleicht sind Sie selbst als Kind auch erst relativ spät gelaufen. Und außerdem – wer fragt schon später einmal danach, mit welchem Alter man das Laufen erlernt hat. Wichtig ist, dass man es kann. Außerdem sind manche Babys auch vorsichtiger als andere. Erst, wenn sie sich ganz sicher sind, dass das mit dem Laufen auch wirklich funktioniert, gehen sie los. Dafür fällt dieser Typ Baby aber auch wesentlich seltener hin als solche, die sehr frühzeitig einfach drauflos laufen und es gibt weniger Beulen zu kühlen und Tränen zu trocknen.

draußen später, wo es hingehört. Auch während der Schwangerschaft gehörte Musikstücke beruhigen das Neugeborene später nachweislich, weil sie ihnen schon vertraut sind. Nach wenigen Tagen kann ein Neugeborenes übrigens schon zwischen der Stimme seines Vaters und anderen Männerstimmen unterscheiden. Das Gehör wird auch in den meisten Kliniken gleich nach der Geburt mit einem speziellen Gerät überprüft, sodass ganz sicher ist, dass das Baby hört, da dieses Sinnesorgan enorm wich-

▲ Gut zu hören ist die Grundvoraussetzung für das Sprechenlernen.

tig für die weitere Entwicklung des Babys ist. Ein gesundes Baby erschrickt z. B. bei lauten Geräuschen oder lässt sich durch tröstendes Zureden der Mutter beruhigen. Außerdem funktioniert bereits sein Richtungshören. Das heißt, dass es seinen Blick zur Geräuschquelle dreht. Außerdem bevorzugen die Kleinen Gesprochenes gegenüber Klangmustern, was ihnen angeboren ist. Dies ist sehr wichtig dafür, dass Babys später die ungeheure Leistung ihres rasanten Sprechenlernens bewältigen können.

Musik tut Babys gut

Spielen Sie auch Ihrem Neugeborenen immer wieder beruhigende sanfte Musik vor, vielleicht, wenn Sie es gerade füttern oder vor dem Ins-Bett-Gehen. Man weiß heute, dass dadurch Nervenbahnen im Gehirn entstehen, die auch später bei so wichtigen Dingen wie Lesen und Schreiben hilfreich sind. Wenn Ihr Baby etwas älter ist, können Sie auch ruhig einmal etwas rhythmischere und schwungvollere Musik auflegen. Sie werden bald merken, wie sehr Ihr Baby sich im Takt dazu bewegt.

▲ Durch Musik entstehen neue Nervenbahnen im Gehirn Ihres Babys.

Wechseln Sie ruhig mit den Musikstilen ab, indem Sie mal was Klassisches und dann auch z.B. ein Bob-Marley-Stück vorspielen. Je vielseitiger desto besser. Bieten Sie ihm auch immer wieder ein neues Geräusch: eine Rassel, eine Glocke oder das Knistern von Papier. Bedenken Sie, dass zunächst einmal alles für Ihr Baby neu ist und dass es möglichst alles kennenlernen sollte. Wenn Ihr Baby dann schon größer ist, kann und sollte es zuneh-

Mein Tipp

Hörtest in der Klinik

Der Hörtest (OAEs) wird zurzeit in den meisten Kliniken durchgeführt. Wenn nicht, ist es Pflicht des niedergelassenen Kinderarztes, dies bei der Vorsorgeuntersuchung U3 zu überprüfen und das Kind gegebenenfalls an einen HNO-Arzt zu überweisen, der über solch ein Gerät verfügt. Es ist momentan eine politische und finanzielle Diskussion, ob alle Kliniken diese Untersuchung durchführen sollen.

mend selbst Musik und Klänge ausprobieren. Da reicht schon ein Kochtopf und ein Kochlöffel oder ein Pappkarton, auf dem man mit den Fingern das Geräusch von Regen nachmacht.

Das Sehen

Babys können am Anfang nicht so gut sehen: noch nicht sehr weit und in unmittelbarer Nähe zunächst verschwommen. Am besten können sie Gegenstände in einer Entfernung von 25 bis 30 cm fixieren. Das ist genau die Distanz, in der man ein Baby vor sich im Arm hält. Das hat die Natur wahrscheinlich auch deshalb so eingerichtet, damit von Beginn an ein enger Mutter-Kind-Kontakt aufgebaut werden kann. Helligkeitsstufen können die Babys allerdings schon mit ungefähr zwei Monaten nahezu so

▲ Mit acht Monaten sehen und hören Babys wie Erwachsene.

gut wie ein Erwachsener wahrnehmen. Die Voraussetzung für die spätere Wahrnehmung von Kontrasten und Formen. Übrigens sind Neugeborene auf das Erkennen von Gesichtern spezialisiert. In den ersten Wochen können sie z.B. Affen anhand ihrer Gesichtszüge voneinander unterscheiden. Wir Erwachsenen könnten das niemals. Diese Fähigkeit verlieren die Babys allerdings im Laufe der

JETZT SCHON VORBEREITEN

Mobile basteln

Ein Neugeborenes braucht für seinen Sehsinn die Stimulation mit starken Kontrasten. Dazu eignen sich z.B. schwarz-weiße Muster (Seite 166). Sie können über seinem Bettchen große Karten mit schwarzen und weißen Balken in horizontaler und vertikaler Richtung aufhängen. Wechseln Sie auch nach einiger Zeit mit anderen Formen ab wie z.B. mit schwarzen und weißen Ringen oder schwarz-weißen Gesichtern. Wenn Ihr Baby ungefähr sechs Wochen alt ist, können Sie die Figuren auch verkleinern, was die Sache für Ihr Baby wieder etwas spannender macht. Da der Farbsinn auch schon teilweise funktioniert, wenn er auch noch nicht ganz ausgereift ist, sollten Sie Ihrem Baby auch viele bunte Sachen zeigen, um sein Gehirn mit den Unterschieden vertraut zu machen. Verwenden Sie am besten Spielzeug und Pappbücher in den Grundfarben Rot, Gelb, Blau und Grün. Gut ist, wenn beim Spielzeug einfache Formen mit markanten Konturen überwiegen. Das kann sich das Baby besser einprägen und verwirrt es nicht.

Außerdem wichtig für das Sehen ist, dass Ihr Baby lernt, Bewegungen mit den Augen zu verfolgen. Nehmen Sie z.B. eine Taschenlampe und wickeln Sie buntes Pergamentpapier davor. Bewegen Sie diese langsam vor den Augen Ihres Babys. Das schult das Fixieren eines Gegenstands, der nicht an einem Punkt bleibt.

Zeit wieder. Wahrscheinlich ist es von der Natur so eingerichtet, damit sich Säuglinge den eigenen Artgenossen und speziell ihrer Mutter zugewendet fühlen. Bereits wenige Tage nach der Geburt kann ein Baby einem Gesicht, das sich bewegt, kurze Zeit mit den Augen folgen. Allerdings ist sein Blickfeld noch sehr begrenzt. Mit ungefähr drei Monaten lernt das Baby dann allmählich, mit den Augen Bewegungen über größere Strecken zu verfolgen. Parallel dazu kann es immer besser mit seinem Gehör eine Geräuschquelle orten. Mit drei bis vier Monaten ist auch ein Farbensehen weitestgehend ausgereift.

Wenn sie dann etwa mit acht Monaten auch in Entfernung scharf sehen und Geräusche aus allen Richtungen exakt wahrnehmen können, beginnen die Babys oft zu fremdeln, da sie ihre Umgebung und auch das ihnen nicht Vertraute plötzlich wahrnehmen können. Neugeborene schielen häufig noch ab und zu, weil die Augenmuskeln die beiden Augen beim Fixieren noch nicht ganz in Parallelstellung ziehen. Mit der Zeit normalisiert sich das aber wieder.

Sprechen lernen

Schon von Geburt an äußern sich Babys in Form von Schreien und unterschiedlichen Lautäußerungen wie z.B. Schmatzen. Ihr Schreien ist schon eine Art, mit uns Eltern zu kommunizieren, indem sie uns mitteilen, dass sie hungrig oder müde sind oder vielleicht auch, dass sie einfach nur unsere Nähe brauchen. Forscher haben festgestellt, dass Babys mit der Zeit über unterschiedliche Schreiarten verfügen, die je nach Klangart etwas anderes ausdrücken. So werden Sie dies selbst bald bei Ihrem eigenen Baby feststellen. Energisches zorniges Schreien wird z.B. eher Hunger als

Ursache haben, während jämmerliches klägliches Schreien Ihnen sofort signalisiert, dass Ihr Baby Schmerzen hat oder sich unwohl fühlt. Das ist bei jedem Baby etwas anders und niemand ist mehr Experte in der Interpretation dieser unterschiedlichen Schreiarten als die Mama oder der Papa.

In den folgenden Monaten lernt Ihr Baby nach und nach immer mehr Laute wie z. B. »Ä«. Durch Nachahmen von Ihnen lernt es schnell dazu, sodass zahlreiche andere Laute folgen. Mit vier Monaten brabbeln die Babys oft längere Zeit einfach vor sich hin, wenn sie satt und zufrieden sind. Dabei probieren sie alles Mögliche aus. Erst die Vokale und dann nach und nach auch Konsonanten, indem sie mit den Lippen experimentieren.

Mama, Papa, Ball

Mehr und mehr entdeckt das Baby auch, dass man die Lautstärke und die Tonhöhe der Stimme variieren kann. Mit ungefähr acht Monaten können Babys auch flüstern und finden das meistens höchst spannend. Bis zum Ende des ersten Lebensjahres kommen zunehmend Doppelsilben hinzu. Dazu gehört auch, Mama und Papa zu sagen. Nach und nach benennen die Babys dann auch verschiedene ihnen vertraute Gegenstände, wie z. B. Ball mit Worten. Allerdings wissen die Kleinen schon lange bevor sie sprechen können, wie die einzelnen Dinge heißen, was man daran erkennt, dass sie auf Aufforderung z. B. den Ball oder das Spielzeugauto holen.

▲ Sprechen Sie mit Ihrem Baby!

JETZT SCHON VORBEREITEN

Wie Sie das Sprechen fördern können

Bereits jetzt, wenn Ihr Baby sich noch in Ihrem Bauch befindet, sollten Sie beginnen, sich mit ihm zu unterhalten. Streicheln Sie Ihre Bauchdecke und singen Sie ihm ein Schlaflied vor. Lachen Sie nicht – Ihr Baby versteht schon mehr als Sie denken und tritt so in Kontakt mit Ihnen. Und wenn es dann auf der Welt ist, dann ist es umso wichtiger, dass Sie mit Ihrem Baby sprechen. Wahrscheinlich haben Sie sich schon so manches mal darüber amüsiert, wenn erwachsene Leute, die auf einmal Eltern wurden, über den Kinderwagen gebeugt mit Piepsstimme Dudsidudsi sagen. Das sollten Sie tun und Sie werden es auch ganz automatisch tun. Wenn man in so ein niedliches kleines Babygesicht schaut, bekommt man einfach eine zarte Stimme, ob man will oder nicht.

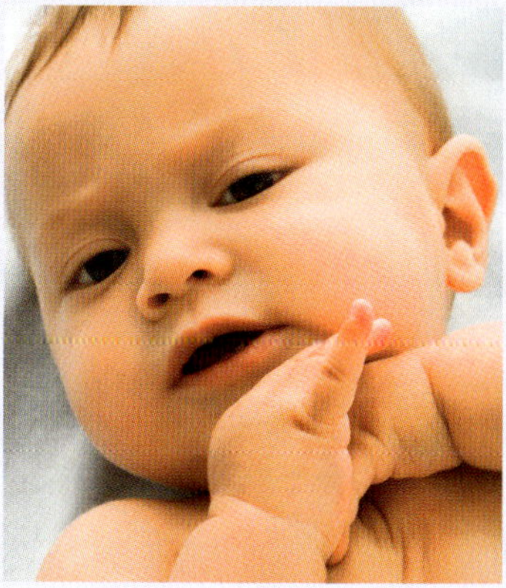

Babys lieben hohe Tonlagen

Diese Reaktion hat auch ihren Sinn, da Babys besonders auf hohe Töne reagieren und übertriebene Mimik brauchen, um uns zu verstehen. Wenn Sie die einfachen Laute Ihres Babys wiederholen, treten Sie schon in einen ersten Dialog mit Ihrem Baby und das ist ganz wichtig für die gesamte Sprachentwicklung. Singen Sie auch mit Ihrem Baby und machen Sie Klatsch- und Fingerspiele dazu. Das fördert die Gehirnentwicklung und aktiviert gleich mehrere Sinne auf einmal.

Ähnlich wie die motorische Entwicklung verläuft auch die sprachliche Entwicklung bei den Kindern sehr unterschiedlich, sodass manche Kinder schon mit einem und andere Kinder erst mit eineinhalb bis zwei Jahren zu sprechen beginnen.

Je älter Ihr Baby wird, desto wichtiger ist, dass Sie **darüber reden, was Sie gerade tun**. Erklären Sie ihm, dass Sie jetzt gerade die Söckchen anziehen, weil es sonst kalte Füße bekommt. Sagen Sie ihm beim Spaziergang, dass das Blatt, das es gerade in der Hand hält, von einem Baum heruntergefallen ist. So wird es bald einen großen Wortschatz bekommen und Zusammenhänge erkennen. Die Sprachenentwicklung findet nämlich auch schon bei sehr kleinen Babys statt. Je mehr Sie diese gleich von Anfang an schulen, desto mehr Verdrahtungen werden in seinem Gehirn angelegt. So können Sie mit Ihrem Baby auch schon einfache stabile Pappbilderbücher anschauen, in denen nur simple, große Dinge mit einfachen Konturen gemalt sind. Schon mit ungefähr einem Jahr wird Ihr Baby ab und zu sein Buch durchblättern und Freude daran haben.

Schmecken und Riechen

Zunächst einmal ist für Ihr Baby nach der Geburt der Geruch seiner Mutter und der Geschmack von Milch wichtig. Nach und nach lernt es aber auch andere Gerüche kennen. Wie riecht der Papa? Wie anders riecht es zu Hause als z.B. in der Geburtsklinik? Fördern Sie den Geruchssinn, indem Sie bereits Ihrem Baby immer wieder etwas Neues zum Riechen geben, z.B. eine aufgeschnittene Zitrone. Lassen Sie es auch später, wenn Sie anfangen zuzufüttern, an unterschiedlichen Nahrungsmitteln lecken, um seine Geschmackszellen mit Neuem bekannt zu machen.

Mit der Erziehung beginnen

Erziehung bedeutet meiner Ansicht nach, das Baby oder Kind zu lehren, sich möglichst gut in dieser Welt zurechtzufinden. Auf der einen Seite sollte es sich optimal entfalten können, auf der anderen Seite aber auch andere respektieren und so ein soziales Miteinander erlernen. Erziehen tut man sein Baby vom ersten Tag an, ob man will oder nicht, da man es durch den ganz normalen täglichen Umgang schon in irgendeine Richtung beeinflusst. Und das ist auch gut so, da so ein Baby ja irgendwie lernen muss, sich zurechtzufinden.

Das Baby braucht Regeln und Rituale, die ihm verständlich machen, wie das Leben so funktioniert. Dass man, wenn es dunkel wird, ins Bett geht oder dass man morgens frühstückt. All dies gibt so einem kleinen Baby Halt und Geborgenheit und das Gefühl, dass Sie einfach immer für es da sind und es mit Ihnen kuscheln kann. Davon kann es in den ersten Monaten gar nicht genug bekommen. Oder anders ausgedrückt – man kann es gar nicht verwöhnen.

JETZT SCHON VORBEREITEN

Die Sache mit der Erziehung

Viele Eltern lesen schon bevor das Kind da ist einen Erziehungsratgeber oder ein Buch über Entwicklungspsychologie. Es macht einfach Spaß zu wissen, welche Schritte in der Entwicklung anstehen, diese zu beobachten und entsprechend zu reagieren. Jetzt ist auch der richtige Zeitpunkt in sich zu gehen, und zu überlegen, wie es bei einem selbst damals war. Bestimmt möchten Sie einiges aus Ihrer eigenen Erziehung jetzt anders lösen, aber sicherlich auch manches beibehalten. Außerdem gehören ja auch immer Mutter und Vater dazu – ein schöner Anlass, um gemeinsam über die Vergangenheit zu sinnieren.

Erst, wenn es mit zehn bis zwölf Monaten allmählich erkennt, dass andere Menschen eine andere Meinung als es selbst haben können und zu aller Empörung in dieser Zeit auch noch austesten, was passiert, wenn man trotzdem das tut, was die Mutter nicht mag, dann sollte man auch allmählich mit dem »Neinsagen« beginnen. Auch das will gelernt sein.

▲ Kinder sollten ab etwa zehn Monaten lernen, was ein Nein bedeutet.

Wenn Sie einem zweijährigen Kind in einem Supermarkt plötzlich nein sagen, wenn es sämtliche Süßigkeiten herausziehen will, wird es dies wenig akzeptieren, wenn es nicht zuvor gelernt hat, dass es manche Dinge gibt, die man zwar gerne möchte, aber trotzdem nicht tun darf. Außerdem muss ein Kind auch schnell ein Nein akzeptieren können, wenn man z. B. verbietet, gerade jetzt auf die Straße zu rennen, da nun einmal in dieser Sekunde ein Auto kommt. Wichtig ist, möglichst konsequent mit seinen Verboten umzugehen, da Babys oder Kinder Regeln nur sehr schwer nachvollziehen können. Überlegen Sie sich also lieber vorher genau, ob Sie eine Sache wirklich verbieten wollen, wenn Sie dies später sowieso nicht durchhalten können.

Das Baby wächst und gedeiht

Die ersten drei Monate

In den ersten drei Monaten beschränkt sich der Handlungskreis Ihres Babys noch in erster Linie auf seine Wiege oder sein Bettchen, auf den Wickeltisch, den Kinderwagen beim Spazierengehen und Ihren Arm. Nach den ersten paar Wochen Einpendelung des Stillrhythmus, schläft Ihr Schatz allmählich ziemlich verlässlich noch mindestens zweimal am Tag etwa ein bis zwei Stunden am Stück. In dieser Zeit können Sie ungestört etwas für sich einplanen. Am besten Sie ruhen sich einfach aus oder lesen ein schönes Buch. Den Haushalt in dieser Zeit zu schmeißen, ist zu anstrengend. Auch wenn das Baby wach ist, ist es noch relativ pflegeleicht und anspruchslos. Sie können es überall hin mitnehmen. Wenn es müde ist, schläft es in der Regel überall ein. Außerdem haben Sie, wenn Sie stillen, immer etwas zum Trinken dabei. Und auch sonst ist warmes Wasser in einer Wärmebox und etwas Milchpulver problemlos bei Ausflügen zu verstauen. Noch ein paar Windeln und Poputztücher und schon ist man mit seinem Baby überall zu Hause.

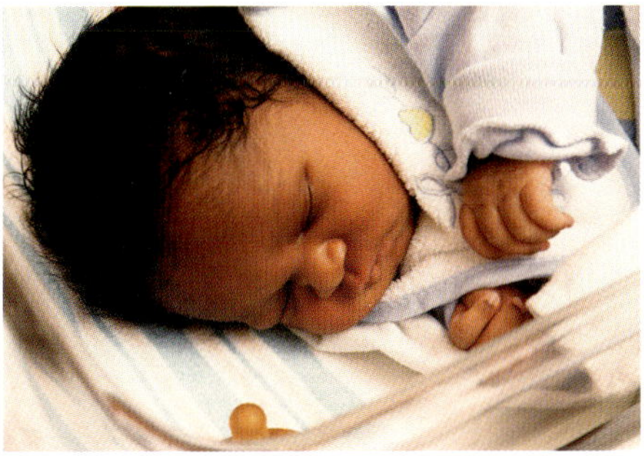

▲ Schlafen und trinken bestimmen die ersten drei Monate.

In dieser Zeit denkt man sich insgeheim ein bisschen, dass andere Eltern sehr übertreiben, wenn sie davon reden, wie anstrengend ihr Baby doch sei und dass sie zu nichts anderem mehr kämen. Nicht, dass ich Ihnen die Freude am Baby nehmen wollte, aber zur

JETZT SCHON VORBEREITEN

Stofftier aus Baumwolle

Neben einem Mobile und einer Spieluhr können Sie jetzt schon ein kleines weiches Schmusetier aus Frottee oder Baumwolle mit einem knisternden oder klingelnden Inhalt besorgen. Allerdings sollte es nicht größer als ungefähr zehn bis fünfzehn Zentimeter sein, damit es nicht während des Schlafes auf das Gesicht des Babys fallen kann. Außerdem kann das Baby das Schmusetier auch später besser greifen und hochheben, wenn es nicht zu riesig und schwer ist (Seite 167).

realistischeren Vorstellung von der gesamten Babyzeit rate ich Ihnen, dennoch zunächst auch noch die folgenden Zeilen zu lesen.

Der vierte bis achte Monat

Ab dem dritten bis vierten Monat ist Ihr Baby zunehmend an seiner Umwelt interessiert. Es schaut Sie gezielt an und lächelt, wenn Sie ihm freundlich ins Gesicht blicken. Da das Sehen von entfernteren Gegenständen auch immer besser funktioniert, dreht Ihr Baby sein Köpfchen dahin, wo sich gerade etwas tut. Besonders interessant finden Babys übrigens andere kleine Kinder. Vielleicht liegt es an ihrer hohen Stimmlage, die Babys lieben oder einfach, weil sie ihnen von der ganzen Art noch viel ähnlicher sind, dass sie so eine besondere Faszination auf sie ausüben.

Außerdem lernt Ihr Baby jetzt immer besser zu greifen. Insbesondere, wenn sich der Gegenstand bewegt, übt er eine große Anziehungskraft aus. Da sich das Baby jetzt immer geschickter bewegen kann, sie können sich im Uhrzeigersinn oder auch schon von einer auf die andere Seite drehen, dürfen Sie Ihren Sprössling in diesem Alter nicht mehr aus den Augen lassen. Auch wenn Sie Stein und Bein schwören können, dass Ihr Baby sich bis zu diesem Tag noch kein bisschen drehen konnte, dann ist es trotzdem irgendwann einmal das erste Mal und das ist dann leider allzu häufig mit einem Sturz von der Wickelkommode verbunden. Wenn Sie das Baby dennoch ab und zu kurze Zeit allein lassen müssen, sollten Sie es in sein Bettchen oder in einen Laufstall legen, damit nichts passiert (Seite 166). Wenn Sie es z.B. zwischendurch für sein Nickerchen ins große Ehebett legen, legen Sie es möglichst in die Mitte und mauern Sie rundherum eine Barriere mit großen Kissen oder zusammengerollten Wolldecken. Babys können nämlich, wenn sie aufwachen und zu ihrer Mutter wollen, auch über längere Strecken kugeln und dann aus dem Bett plumpsen.

▲ Jetzt spielen Babys gerne unter dem Spielzeugständer.

Ihr Baby wird nun auch schon weniger Schlaf brauchen und manchmal reichen ihm auch schon kurze Nickerchen von nur zwanzig Minuten, um wieder fit zu sein. Da das Baby sich auch noch nicht selbstständig Spielzeug holen kann, das weiter weg liegt, es dieses aber dennoch schon sieht und haben möchte, ist diese Zeit manchmal etwas anstrengend. Babys sind in dieser Zeit oft ein bisschen unzufrieden, da sie sich eigentlich schon fortbewegen wollen, aber noch nicht so recht können. Außerdem wiegt Ihr Baby nun schon einige Kilos, die Sie den ganzen Tag mit sich herumschleppen müssen. Aber haben Sie Geduld – es wird sich bald ändern.

Mein Tipp

Krabbeldecke und Spielzeugständer

Jetzt braucht Ihr Baby einen dicken Teppich oder eine Krabbeldecke, auf der es seine neuen Bewegungsmöglichkeiten austesten kann. Außerdem ist jetzt ein Spielzeugständer sinnvoll, an dem das Baby in Rückenlage allerlei Gegenstände anstoßen und ergreifen kann (Seite 165/169). Jetzt ist auch das Tastalter gekommen. Bieten Sie deshalb Ihrem Baby alle möglichen unterschiedlichen Materialien zum Befühlen an.

Der neunte bis zwölfte Monat

Jetzt wird's spannend! Wenn Ihr Baby anfängt zu krabbeln oder zu robben, ist in Ihrer Wohnung vor ihm nichts mehr sicher. Spätestens jetzt müssen Sie Steckdosensicherungen anbringen, Treppen durch Gitter sichern, Videorekorder höher stellen und große Vasen oder andere Dinge, die umfallen können, wegräumen. Auch Topfpflanzen auf dem Boden sind ungeeignet, da die Babys die Erde nicht nur herauspopeln, sondern auch essen. Noch gefährlicher wird es, sobald sich die Kinder an allem Möglichen hochziehen. Herunterhängende Tischtücher und wackelige Schränkchen haben schon so manchen Unfall verursacht. Auch die untersten für Ihr Baby erreichbaren Schubladen und Regalfächer sollten entweder verschlossen, leer oder mit Dingen gefüllt sein, die für Ihr Baby bestimmt sind.

Mein Tipp

Kochtopf-Schlagzeug

Jetzt will Ihr Baby alles tun, was Sie auch tun. Die ganz normalen alltäglichen Dinge sind viel interessanter als alles andere. Geben Sie Ihrem Kind z. B. einen Topf und einen Kochlöffel zum Spielen. Oder lassen Sie es Linsen in eine leere Plastikflasche hineinfüllen. Wäscheklammern eignen sich übrigens ebenfalls bestens zum Spielen. Jetzt braucht Ihr Baby auch schon einfache Pappbücher, die Sie ihm vorlesen. Versteckspiele unter einem Tuch, Klatsch- und Fingerspiele mit den Händen und, sofern es das Wetter erlaubt, im Sand zu spielen finden Babys in diesem Alter wunderbar. Auch in der Badewanne lässt es sich herrlich mit Wasser experimentieren. Eine Schwimmente, eine Gießkanne und ein Becher machen das Baden zu einem riesigen Vergnügen.

Die Vorsorgeuntersuchungen

Um die Entwicklung und Gesundheit Ihres Babys regelmäßig zu überprüfen, gibt es sogenannte Vorsorgeuntersuchungen beim Kinderarzt.

U1 kurz nach der Geburt

Diese Untersuchung findet unmittelbar nach der Geburt im Kreißsaal statt. Es wird zunächst untersucht, wie fit das Baby ist. Mit dem sogenannten Apgar-Wert werden in bestimmten Zeitabständen nach der Geburt (nach einer, nach fünf und nach zehn

Minuten) bestimmte Körpermerkmale und Funktionen beurteilt: Hautfarbe, Herz- und Atemfrequenz, Muskelspannung und -erregbarkeit. Jedes Kriterium wird mit maximal zwei Punkten benotet – zehn Punkte sind also der beste Wert. Dies wird gleich auf der ersten Seite im sogenannten Vorsorgeheft notiert. Außerdem wird aus dem Blut der Nabelschnur beurteilt, wie sauer es ist. Das zeigt an, wie gut das Blut mit Sauerstoff versorgt ist.

Zusätzlich bekommt Ihr Baby in Form von Tropfen etwas Vitamin K auf die Zunge. Das Vitamin K brauchen wir für eine gut funktionierende Blutgerinnung. Da insbesondere bei gestillten Babys die Produktion davon kurz nach der Geburt noch nicht ganz in Schwung gekommen ist, gibt man dem Baby in den ersten Wochen sicherheitshalber vorsorglich eine geringe Menge davon.

U2 3. bis 10. Lebenstag

Diese Untersuchung kann von Ihrem Kinderarzt durchgeführt werden. Manchmal wird sie praktischerweise gleich noch in der Geburtsklinik erledigt. Jetzt werden alle Organsysteme Ihres Babys gründlich untersucht. Außerdem wird eine Blutprobe für einen Test entnommen, mit dem ausgeschlossen werden kann, dass Ihr Baby schwerwiegende Stoffwechselerkrankungen hat, die man sofort behandeln müsste (Neugeborenenscreening). Außerdem wird mit einer Ultraschalluntersuchung überprüft, ob die Hüften Ihres Babys ausgereift sind. Zusätzlich sollte bereits in diesem Alter das Gehör Ihres Babys mithilfe der sogenannten otoakustischen Signale (Oas) getestet werden. Dabei wird Ihrem Baby nur eine kurze Zeitlang ein kleiner Stöpsel in die Ohren gesteckt. Durch diese völlig harmlose schmerzfreie Untersuchung können Sie sicher sein, dass mit dem Gehör alles in Ordnung ist. Außerdem erhält Ihr Baby nochmals Vitamin K in Form von Tropfen.

Mein Tipp

Hüftultraschall ist sinnvoll

In manchen Fällen ist bei Geburt der Hüftkopf noch nicht ganz ausgereift, sodass er nicht richtig in der Hüftkopfpfanne sitzt. Wenn man dies früh genug durch Ultraschall erkennt, kann in den meisten Fällen durch das Tragen einer Spreizhose der Hüftkopf so lange in die richtige Lage gebracht werden, bis der Hüftkopf nachgereift ist. Tut man dies nicht, können im Nachhinein später gravierende Hüftprobleme auftreten. Übrigens sind Mädchen davon fünfmal häufiger betroffen als Jungen. Außerdem besteht eine gewisse Vererblichkeit, sodass man in Familien mit Hüfterkrankungen besonders wachsam sein sollte.

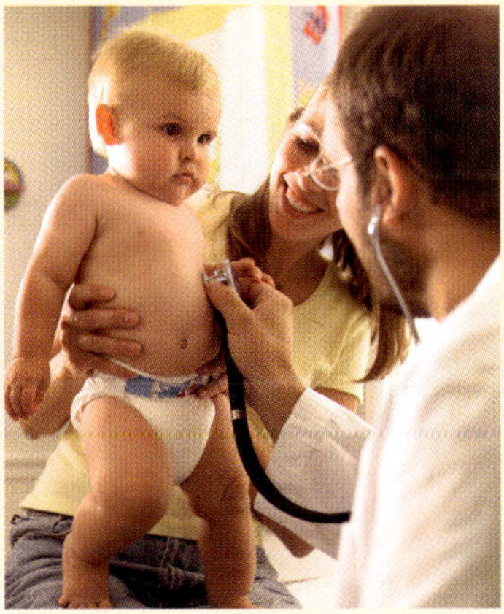

U3 4. bis 6. Lebenswoche

Jetzt überprüft der Kinderarzt, ob Ihr Baby schon kurze Zeit einen Gegenstand fixiert und ob es in Bauchlage kurze Zeit seinen Kopf hochhalten kann. Außerdem hat ein Baby in diesem Alter typischerweise bestimmte Reflexmuster, die bei der Untersuchung ausgetestet werden. So streckt es bei einer plötzlichen Abwärtsbewegung des Oberkörpers beispielsweise die Arme und Finger aus, um sie anschließend wieder nach vorn zusammenzuführen. Dies ist noch ein Überbleibsel aus uralten Zeiten, als sich die Jungen bei ihrer Säugetiermutter am Bauch festkrallen mussten, um nicht verlorenzugehen. Wiederum werden auch alle anderen Organsysteme untersucht. Auch zu dieser Untersuchung bekommt Ihr Baby nochmals Vitamin-K-Tropfen für die Blutgerinnung.

Mein Tipp

Impfungen

In der Regel werden die Babys zum ersten Mal mit acht Wochen geimpft. Empfohlen sind derzeitig folgende Impfungen, die mit jeweils zwei Pieksen in die beiden Oberschenkel des Babys erfolgen:

- Tetanus, Diphtherie, Kinderlähmung
- Keuchhusten, Haemophilus influenza B
- Hepatitis B und Pneumokokken

Nach vier und acht Wochen sowie mit einem Jahr werden diese Impfungen erneut wiederholt, um einen ausreichenden Impfschutz aufzubauen. Mit zwölf Monaten kommt noch zusätzlich eine Impfung gegen Masern, Mumps, Röteln sowie Windpocken in einer Spritze sowie vier Wochen später ein Pieks gegen Meningokokken (Erreger von Hirnhautentzündung) hinzu.

U4 3. bis 4. Lebensmonat

Bei dieser Vorsorgeuntersuchung wird geprüft, ob Ihr Baby sich schon für einen vorgehaltenen Gegenstand interessiert und nach ihm zu greifen beginnt. Außerdem sollte es seine Mutter jetzt auch ab und zu anlächeln und Sie und Ihre Bewegungen schon ein wenig nach links und rechts verfolgen. Der Kinderarzt wird Sie auch fragen, ob Ihr Baby vor sich hin brabbelt. In Bauchlage wird er testen, ob sich das Baby auf seinen Unterarmen aufstützen kann. Insgesamt beginnen die Babys in diesem Alter auch schon ganz heftig zu strampeln. Wichtig ist, dass sie dies mit beiden Beinen und Ärmchen gleichermaßen tun. Wiederum wird der Kinderarzt Ihr Baby gründlich von Kopf bis Fuß untersuchen. Bei dieser Vorsorgeuntersuchung wird Ihr Baby in der Regel schon zum zweiten Mal geimpft. Der erste Pieks ist nach vollendeten acht Wochen vorgesehen.

U5 5. bis 6. Lebensmonat

Jetzt sollte sich Ihr Baby allmählich in Bauchlage auf seinen Händen aufstützen. Insgesamt wird es nun schon mehr und mehr an seiner Umwelt Interesse zeigen. Manche Babys beginnen sich schon vom Rücken auf den Bauch und teilweise auch andersherum zu drehen. Die Beinchen sind jetzt auch meistens gestreckt und nicht mehr wie am Anfang angewinkelt. Der Kinderarzt überprüft, ob Ihr Baby nun gezielt greifen kann. Neben den Vokalen kann Ihr Baby nun immer mehr Laute und teilweise auch schon Doppelsilben sprechen. Auch die übrigen Organsysteme werden bei dieser Untersuchung untersucht. Bei dieser Vorsorgeuntersuchung wird meistens zum dritten Mal geimpft.

U6 10. bis 12. Lebensmonat

Jetzt ist aus Ihrem Baby ganz allmählich ein Kleinkind geworden. Es wird sich nun schon bestimmt an Gegenständen hochziehen oder an ihnen entlanglaufen. Auch kann es schon Mama oder Papa oder manchmal auch ein paar einfache Wörter plappern. Mit Daumen und Zeigefinger ist es ihm nun auch möglich, klitzekleine Dinge hochzuheben. Gleichzeitig wächst sein Interesse für alles, was um es herum so vor sich geht. Es untersucht Schubladen, steckt Dinge in Schachteln, kann dickere Buchseiten umblättern, spielt gerne das Kuckuckspiel. Alles dies wird der Kinderarzt erfragen und Ihr Baby nochmals gründlich untersuchen. Auch jetzt sind wieder einige Impfungen notwendig.

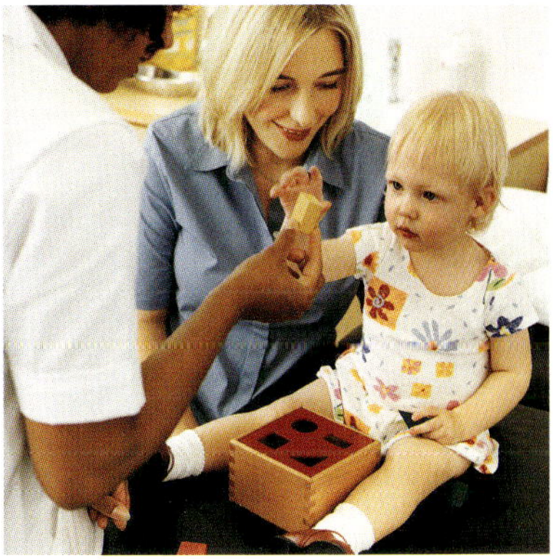

▲ Ab dem zehnten Lebensmonat geht's zur U6.

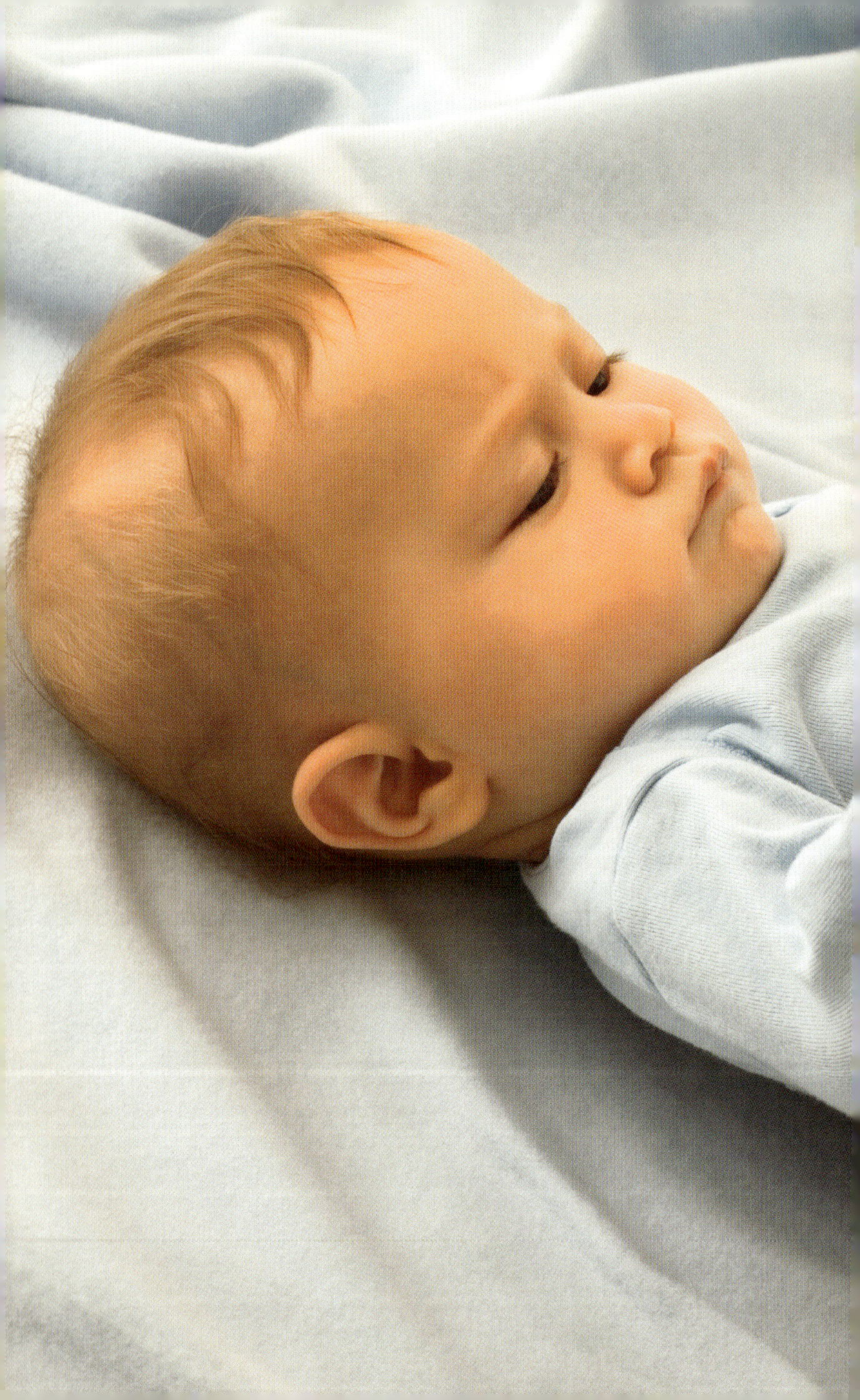

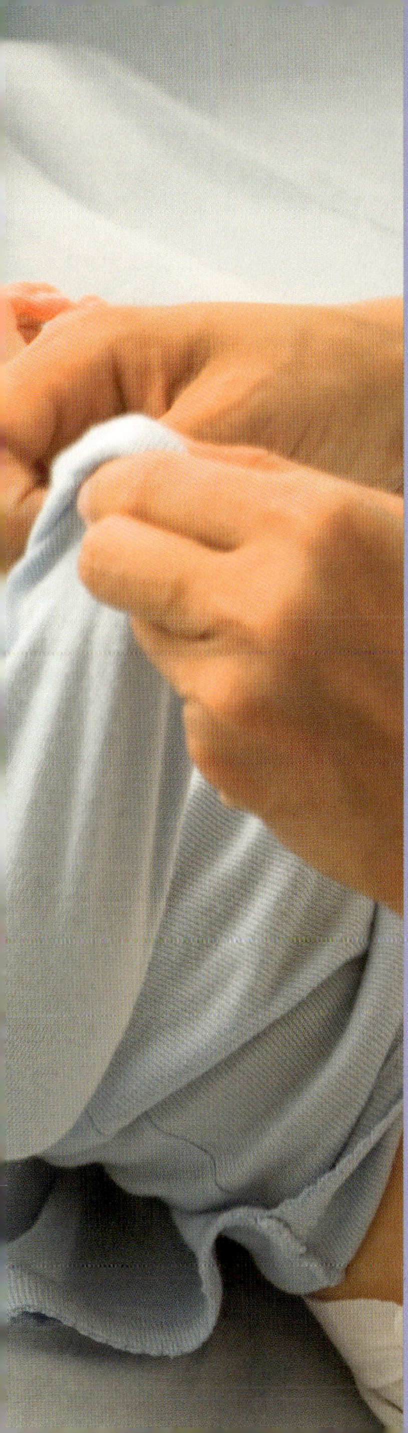

Das Leben mit dem Baby

Das neue Leben zu dritt ist stressig und schön zugleich. Die meist chaotische Eingewöhnungsphase können Sie sich mit ein paar praktischen Vorkehrungen angenehmer gestalten, sodass Sie einen guten Start als Familie hinlegen.

Das tägliche Leben händeln

Wenn man noch ohne Kind lebt, kann man sich kaum vorstellen, wie eine Mutter mit Baby den ganzen Tag beschäftigt sein kann und abends todmüde ins Bett fällt. Den ganzen Tag zu schmusen und spazieren zu gehen, so schön möchte man es auch mal haben ...

Von wegen, kann ich da nur sagen. Die Tücke liegt nämlich darin, dass eigentlich nichts mehr nach Plan läuft oder anders gesagt nur noch nach dem Plan, den das Baby tagtäglich vorgibt. In den allerersten Wochen nach der Geburt hat der Neuankömmling auch noch keine festen Trinkzeiten. Und das Baby will teilweise noch alle zwei Stunden an die Brust. Dann trinken manche Säuglinge auch noch nicht zügig beide Brüste leer, sondern nuckeln herum oder schlafen aus Müdigkeit zwischendrin wieder ein. Anschließend müssen die Babys aufstoßen – rein theoretisch – aber bei einigen dauert es ewig. Danach möchte es gewickelt werden und dann folgt ein kurzes Nickerchen. Und dann – dann ist manchmal fast schon wieder Zeit für die nächste Stilleinheit. Sie müssen selbst ja auch noch leben – Essen und ähnliche Dinge fallen schließlich nicht vom Himmel. Dennoch überleben die meisten Eltern auch diese Zeit irgendwie. Nutzen Sie jede angebotene Entlastung aus. Nach einigen Wochen hat Ihr Baby einen gewissen Ess- und Schlafrhythmus, sodass Sie besser planen können und genau wis-

▲ Babys sind die Chefs daheim!

JETZT SCHON VORBEREITEN

Hilfe organisieren

Versuchen Sie sich diese Zeit so praktisch wie möglich zu gestalten. Legen Sie Vorräte an (Pampers, Creme, Badezusatz etc.). Die Kombination aus leerer Pampersschublade, einem schreienden hungrigen Säugling und der Tatsache, dass der Supermarkt in fünf Minuten schließt, kann stressiger sein als mancher Büroalltag. Wenn Sie die Möglichkeit haben, dass jemand in Ihrer Nähe für Sie das Mittagessen mitkocht, nehmen Sie dieses Angebot dankend an, denn Sie werden in der ersten Zeit kaum dazu kommen, sich anständig zu versorgen.

sen, dass der kleine Wurm z.B. immer ungefähr um zehn Uhr für zwei Stunden schläft, sodass Sie dann selbst eine Pause einlegen können.

Wiedereinstieg ins Berufsleben

Sie wollen nach der Schwangerschaft möglichst bald wieder arbeiten? Dann sollten Sie sich sehr schnell auf die Suche nach einer Kinderbetreuung machen. Auch wenn die Zeiten vorbei sind, in der Mütter, die für ihre Kinder nicht zu Hause bleiben, als Rabenmütter bezeichnet werden – die Kinderbetreuungssituation in Deutschland ist nach wie vor extrem angespannt. Hier gilt vor allem eines: nicht den Mut ver-

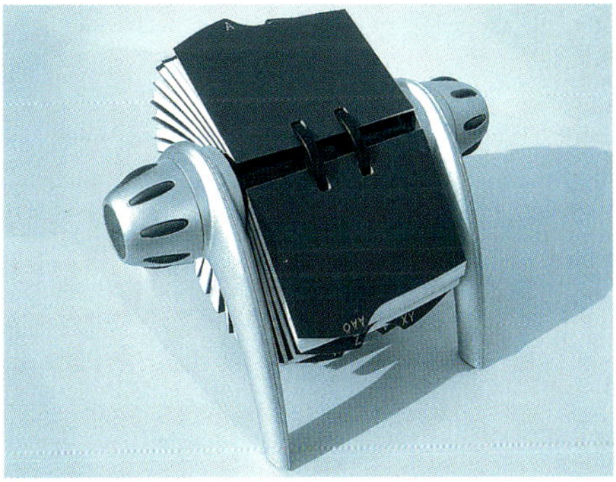

JETZT SCHON VORBEREITEN

Ihr Unternehmen kann helfen

Viele Firmen unterstützen die Mitarbeiterinnen bei der Suche nach der geeigneten Kinderbetreuung. Gibt es keine betriebseigene Einrichtung, so vermitteln oft Familienbüros oder andere Netzwerke die begehrten Plätze. Fragen Sie in Ihrem Unternehmen auf jeden Fall nach diesen Einrichtungen.

lieren. Melden Sie sich bei allen Kinderbetreuungseinrichtungen vor Ort an, lassen Sie sich nicht abwimmeln. Gebrauchen Sie aber vor allem Ihr soziales Netz: Meist sind die Tipps von Bekannten, Freundinnen oder Arbeitskollegen die besten. Dies gilt besonders bei der Suche nach einer Tagesmutter. Verlassen sie sich nie auf den ersten Eindruck, verlassen sie sich lieber auf gute Erfahrungen andere Mütter.

Schneller Wiedereinstieg: Worauf sollten Sie achten?

Sie wollen nach der Geburt möglichst schnell in Ihrem Job wiedereinsteigen? Das kann dann gut gelingen, wenn Sie die Kinderbetreuung rechtzeitig und verlässlich geklärt haben. Nur dann haben Sie den Kopf frei, sich schnell wieder in das Geschäftsleben stürzen zu können. Informieren Sie Ihren Arbeitgeber über Ihre Pläne rechtzeitig, sprechen Sie mit den Kollegen und halten Sie Kontakt mit ihnen. So bleiben Sie drin und integriert. Wichtig ist aber auch: Seien Sie ehrlich zu sich selbst. Sollten Sie nach der Geburt doch den Wunsch verspüren, länger als geplant bei Ihrem Baby zu bleiben – dann unterdrücken Sie dieses Gefühl nicht. Sie würden es ein Leben lang bereuen. Lassen Sie sich dann auch von Kollegen nicht unter Druck setzen, die Sie überreden wollen, doch möglichst rasch in den Beruf zurückzukehren. Karriere ist nicht alles!

Mutterschutzgesetz

Das Mutterschutzgesetz gilt für alle Frauen, die ein Arbeitsverhältnis haben. Dazu zählen auch Teilzeitbeschäftigungen, Hausanstellungen oder Heimarbeitsplätze. Auch Frauen, die sich in einem Ausbildungsverhältnis befinden, das auf einem Arbeitsvertrag beruht, sind geschützt. Auch auf Frauen in sozialversicherungsfreien Arbeitsverhältnissen – also u.a. eine geringfügige Beschäftigung – findet das Gesetz seine Anwendung. Dagegen also z.B. nicht bei Hausfrauen oder Selbstständigen.

Kündigungsschutz

Vom Beginn der Schwangerschaft bis zum Ablauf von vier Monaten nach der Entbindung darf der Arbeitgeber – bis auf ganz wenige Ausnahmen – keine Kündigung aussprechen. Wichtig: Auch Änderungskündigungen, Kündigungen eines unbefristeten Probeverhältnisses oder auch Kündigungen bei Insolvenz sind grundsätzlich verboten.

Voraussetzung, dass das Unternehmen alle gesetzlichen Bestimmungen einhält, ist natürlich die Information des Arbeitgebers. Frauen sollen ihrem Unternehmen die Schwangerschaft und den mutmaßlichen Tag der Entbindung mitteilen, sobald diese Tatsachen bekannt sind. Sollte ein Unternehmen dennoch verbotswidrig kündigen, so muss der Lohn dennoch weitergezahlt werden – auch wenn sie nicht mehr beschäftigt wird. Ausführliche Informationen zum Thema Kündigungsschutz finden Sie in der kostenlosen Broschüre des Bundesministeriums für Arbeit und Soziales, Postfach 300 265, 53182 Bonn oder bei Bestellung per E-Mail unter info@bmas.bund.de

Schutz für Mutter und Kind am Arbeitsplatz

Grundsätzlich muss ein Unternehmen der werdenden Mutter jederzeit die Möglichkeit zu Pausen einräumen. Wenn es die Gesundheit erfordert, muss es ihr auch möglich sein, sich hinzulegen und auszuruhen. Grundsätzlich gilt, dass werdende und stillende Mütter auf keinen Fall nachts (zwischen 20 und 6 Uhr), nicht an Sonn- und Feiertagen und nicht mit Mehrarbeit beschäftigt werden dürfen (die wenigen Ausnahmen sind im Gesetz geregelt).

Verboten sind auch Arbeiten, bei der regelmäßig schwere Lasten gehoben werden müssen, bei erhöhten Unfallgefahren oder z.B. nach dem fünften Schwangerschaftsmonat, bei der die Frauen länger als vier Stunden stehen müssen. Viele weitere Einzelfälle sind im Mutterschutzgesetz geregelt. Im Zweifelsfall sollte hier nachgeschaut werden.

Schutzfrist

Ab der sechsten Woche vor der Geburt ihres Kindes darf die werdende Mutter nicht mehr beschäftigt werden (es sei denn, die Frau erklärt ausdrücklich den Wunsch, weiterarbeiten zu wollen). Die Schutzfrist endet im Normalfall acht Wochen nach der Geburt, bei medizinischen Frühgeburten oder bei Mehrlingsgeburten zwölf Wochen nach der Entbindung. Bei einer Frühgeburt (dies ist der Fall, wenn das Kind weniger als 2500 Gramm wiegt) verlängert sich nach der Geburt die Schutzfrist um die Zeit, die vor der Geburt nicht in Anspruch genommen werden konnte.

Elternzeit

Wenn Sie berufstätig sind, sollten Sie sich allmählich Gedanken darüber machen, ob Sie die Elternzeit in Anspruch nehmen wollen.

Sofern Ihr Arbeitsverhältnis unbefristet ist, haben Sie Anspruch auf eine unbezahlte Freistellung von Ihrer Arbeit bis zum dritten Geburtstag Ihres Kindes bei vollem Kündigungsschutz. Außerdem können Sie während dieser Elternzeit in Teilzeit weiterarbeiten. Sie können sich diese Zeit auch mit Ihrem Partner teilen. Es ist sinnvoll, möglichst bald den Arbeitgeber davon in Kenntnis zu setzen, damit auch er planen kann und ein gutes Arbeitsverhältnis bestehen bleibt, wenn Sie später wieder in den Beruf einsteigen. Pflicht ist jedenfalls, dem Arbeitgeber sechs bis acht Wochen vor Beginn eine schriftliche Erklärung dazu abzugeben.

Wenn das Baby schläft, schläft Mama auch

Wahrscheinlich denken Sie sich im Moment, dass das Gejammer frischer Eltern, dass sie nicht zum Schlafen kommen, mit einem Neugeborenen wahnsinnig übertrieben sei. Schließlich gehen Sie jetzt ja auch oft abends noch spät aus und müssen früh auch wieder zur Arbeit raus. Und überhaupt haben Sie nie viel Schlaf gebraucht.

▲ Nutzen Sie Babys Schlaf für Ihren Schlaf.

Sie werden dennoch überrascht sein, wie das Baby Sie schaffen kann. Außerdem sind die letzten Monate davor nachts ja auch nicht mehr gerade erholsam, wenn Sie nicht wissen, wo Sie am besten Ihren dicken Bauch hinlegen sollen. Und dann die Geburt selber – ich würde mal sagen, dass es auch nicht gerade wie ein Kaffeekränzchen ist. Deshalb nützen Sie unbedingt die Zeit, wenn Ihr kleiner Wurm schläft. Lassen Sie einfach buchstäblich alles stehen und liegen und legen Sie sich selbst hin. Wenn Sie irgendwann chronisch unter Schlafmangel leiden, wird nämlich alles zur Qual, obwohl Sie sich doch so sehr auf Ihr Baby gefreut haben.

Mit dem Baby unterwegs

Wenn Sie nach der Eingewöhnungszeit zu Hause wieder die Nase über den Tellerrand heben können und ein wenig Kontrolle über die neue Situation mit Stillen und Wickeln usw. haben, werden Sie das Bedürfnis verspüren, aus Ihren vier Wänden wieder herauszukommen. Allmählich wollen Sie mal was anderes als Wickelauflage und die Sofaecke zum Stillen sehen. Und das ist auch ganz wichtig, um wieder ins normale Leben zurückzufinden. Außerdem brauchen Sie genauso wie Ihr Baby frische Luft. Also – Baby wetterfest anziehen (Seite 156) und raus geht's! Wichtig ist, sich vorher zu überlegen, wie lange Sie unterwegs sein wollen und wann Ihr Baby aller Voraussicht nach hungrig wird. Am besten ist es, es vor dem Ausflug nochmals zu stillen oder ihm ein Fläschchen zu geben. So haben Sie maximal viel Zeit bis zum nächsten Mal Füttern. Wickeln Sie den kleinen Spatz auch sicherheitshalber vorher, so dass auch hier Spielraum bleibt. Nehmen Sie zur Sicherheit immer eine Windel mit und für Flaschenkinder auch abgekochtes Wasser und Milchpulver. Sie wissen nie genau, was dazwischenkommt, und es gibt nichts Nervenaufreibenderes als einen Säugling, der hungrig ist oder eine volle Windel hat und Sie können nichts dagegen tun.

Kleinere Etappensiege

Planen Sie am Anfang vielleicht erst kleinere Unternehmungen mit festem zweiten Standort, z.B. bei einer Freundin, wo Sie sich mit Ihrem Baby kurz in Ruhe zurückziehen können. Je öfter Sie mit Ihrem Schatz dann unterwegs sind, werden Sie automatisch erfinderischer in Dingen werden, die Sie sicherheitshalber dabei haben sollten und die Ihnen das Leben mit Baby unterwegs erleichtern. Immer dienlich ist z. B. ein Spucktuch oder ein Lätzchen, ein Schnuller oder eine Ersatzgarnitur (Pulli, Hose, Body). Übrigens wird sich Ihr Baby durch Ausflüge mehr und mehr daran gewöhnen, nicht ständig nur mit Ihnen allein zu Hause zu sitzen. Es lernt eine andere Umgebung und andere Menschen kennen und wird nicht völlig aus seinem Gleichgewicht geworfen, nur weil sich mal seine Still- oder Schlafzeit ändert. Das ist enorm wichtig für sein späteres Leben.

Welcher Kinderwagen ist der richtige?

Es muss nicht das neueste Modell sein und Sie können ihn ruhig auch gebraucht kaufen – wichtig ist am Anfang, dass das Baby gerade liegen kann, dass der Kinderwagen eine gute Federung hat und dass ein Dach Schutz gegen Wind und Nässe bietet. Viele Kinderwagen sind als Babywagen und Sportwagen kombinierbar. Ab dem Sitzalter mit etwa einem halben Jahr kann die Liegeschale gegen einen Sitz ausgetauscht werden kann. Sie können auch anstatt dessen ab diesem Alter auf einen Buggy umsteigen, der sehr viel einfacher in der Handhabung besonders für Autofahrten ist, weil man ihn leicht und schnell zusammenklappen kann und er nicht viel wiegt. Außerdem ist ein Buggy günstiger, wenn man über holprige Feldwege oder durch Schnee fahren möchte. Allerdings eignet sich ein gefederter Kinderwagen besser zum Schlafen und damit für längere Spazierfahrten. In puncto Sicherheit sollten Sie unbedingt darauf achten, dass der Wagen ein GS-Zeichen trägt (Seite 165).

JETZT SCHON VORBEREITEN

Kinderwagen ausprobieren und bestellen

Wenn Sie sich keinen gebrauchten Kinderwagen anschaffen, sollten Sie einige Zeit vor der Geburt in einem Babyfachmarkt verschiedene Modelle ausprobieren und auch schon bald einen bestellen. Mitunter haben Kinderwagen absurd lange Lieferzeiten von acht bis zwölf Wochen. Ob der Wagen in den Kofferraum Ihres Autos passt, das sollten Sie unbedingt vor dem Kauf ausprobieren – für viele Modelle muss man sich praktisch extra einen Kombi anschaffen. Und mit manchen Kinderwagen, insbesondere mit sogenannten Joggern, hat man wegen ihrer Größe Probleme in öffentlichen Verkehrsmitteln.

Mit dem Auto unterwegs

Wenn man mit dem Baby von Anfang an Auto fährt, gewöhnt es sich meist schnell daran. Auf die meisten Babys wirkt es sogar beruhigend und sie schlafen gerne bei dem summenden Motorengeräusch ein.

Wichtig ist, dass Sie Ihr Baby gut sichern. Bis zu einem Gewicht von neun Kilogramm gibt es spezielle Baby-Schalen, sogenannte Maxicosis (Seite 166). Zusätzlich kann man darin für den Winter einen Fußsack oder auch noch eine weiche Kopfstütze für das

Köpfchen befestigen. Später gibt es dann größere Kindersitze, die teilweise so umbaubar sind, dass sie bis ins Schulalter zu verwenden sind. Wichtig für die Verwendung von Kindersitzen auf dem Vordersitz ist übrigens, dass Sie keinen Airbag haben. Ansonsten müssen Sie ihn entweder von der Kfz-Werkstatt ausschalten lassen oder den Sitz auf dem Rücksitz befestigen, was meiner Meinung nach ohnehin die sichere Methode ist.

Nicht zu lange sitzen:
Neugeborene haben noch eine sehr weiche empfindliche Wirbelsäule. Längere Zeit eine leicht gebückte starre Lagerung im Kindersitz ist deshalb noch nicht empfehlenswert. Gegen eine halbe Stunde Fahrt ist nichts einzuwenden, vorausgesetzt, Sie geben Ihrem Baby danach wieder die Möglichkeit, nach Herzenslust zu strampeln.

Vom Nutzen eines Laufstalls

Für jemanden, der sehnsüchtig sein Baby erwartet, muss es eine schreckliche Vorstellung sein, dieses niedliche Etwas in einen Gitterstall einzusperren. Trotzdem bin ich klarer Befürworter dieser Einrichtung. Es wird, je größer Ihr Baby wird, immer mehr Situationen geben, in denen Sie kurz allein hinauseilen und gleichzeitig Ihren Spatz auf der Stelle sicher unterbringen müssen. Sei es, dass Sie schnell mal in den Keller oder in die Küche laufen müssen, wo heißes Fett spritzt. Übrigens empfinden die Kleinen einen Laufstall auch nicht als Strafe, wenn sie von Anfang an immer wieder

JETZT SCHON VORBEREITEN

Kindersitz kaufen

Alle Eltern, die nicht gerade zu Fuß zur Geburtsklinik laufen können, brauchen für den ersten Transport des Babys eine sichere Schale fürs Auto. Am besten, Sie informieren sich bei der Stiftung Warentest, welche Sitze gut abgeschnitten haben. Einzelne Artikel können Sie unter www.stiftung-warentest.de herunterladen, ein ganzes Heft bestellen Sie unter Stiftung Warentest, Vertrieb, Postfach 610660, 70532 Stuttgart, Tel. (0180) 232 13 13 (Ortstarif). Falls Sie gebraucht einen Maxicosi erstehen möchten, sollten Sie unbedingt darauf achten, dass dieser unfallfrei ist – am besten Sie kaufen ihn nur von Freunden, denen Sie vertrauen.

hineingesetzt werden und dort mit interessantem Spielzeug spielen dürfen. Natürlich sollte dieser Ort nicht als Ruhigstellung oder Aufbewahrungsstelle dienen. Sie werden allerdings merken, dass Ihr Baby es auch ab und zu genießt, allein zu spielen, wenn es z. B. satt und ausgeruht ist und vielleicht davor lange mit Ihnen gekuschelt hat.

Achten Sie auch darauf, dass im Laufstall nicht zu viel Spielzeug herumliegt. Das verwirrt Ihr Baby nur. Lieber nur ein zwei neue

Mein Tipp

Das soll ein Laufstall leisten

Achten Sie darauf, dass man an Ihrem Laufstall die Höhe verstellen kann, sodass Sie, wenn Ihr Baby noch nicht krabbelt, die oberste Stufe wählen können, um rückenschädigendes Bücken zu vermeiden. Es gibt übrigens auch unterschiedlich große Laufställe – und auch relativ kleine rechteckige für kleine Räume, da so ein Laufstall enorm viel Platz einnehmen kann.

Dinge. Dies schaut sich das Baby dann eher immer wieder und intensiv an. Nach einer Weile können Sie das Spielzeug gegen ein neues austauschen und die Freude wird umso größer sein.

Manchmal braucht man eine Auszeit

Auch wenn man sein Baby noch so lieb hat und die tagtägliche Arbeit rundherum wirklich gerne leistet, braucht jeder ein bisschen Abwechslung und das manchmal auch ohne Kind. Sie sind keine Rabeneltern, wenn Sie ab und zu auch abends mal ausgehen – ins Kino oder bloß mal wieder zu zweit in Ruhe essen. Außerdem ist Ihre Partnerschaft in dieser Zeit ohnehin auf eine harte Probe gestellt. Es dreht sich alles nur noch um das Kleine.

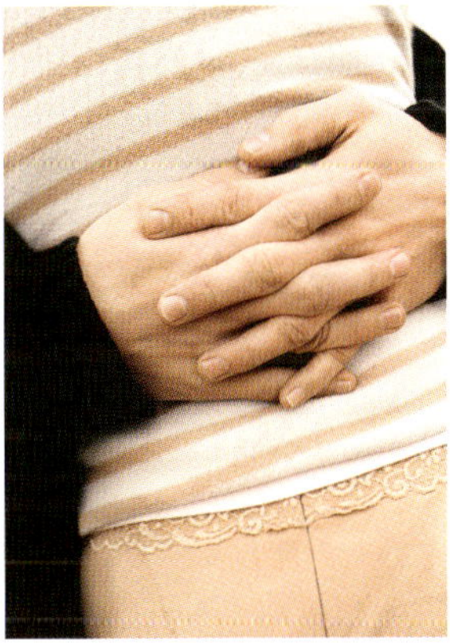

Sie müssen sich diese Auszeiten auch schon ganz fest vor der Geburt vornehmen. Anschließend werden Sie nämlich ohnehin das Gefühl haben, für so etwas unter keinen Umständen noch Zeit zu haben. Aber Sie müssen sich diese Zeit nehmen. Schon ein paar Stunden reichen aus und Sie werden wieder alles gelassener und mit Abstand betrachten können. So ein Baby kann einen förmlich mit Haut und Haaren auffressen – so sehr ist man in dieser Zeit Mutter und Vater, was ja auch richtig und gut ist und von der Natur so eingerichtet wurde. Dennoch müssen Sie ja auch noch eine Weile durchhalten – und ich finde, am besten nicht völlig abgearbeitet. Dann können Sie Ihrem Baby auch selber wieder mehr geben und gelassener in manchmal nicht so einfachen Situationen reagieren.

Wenn Sie am Anfang Probleme haben, sich länger von Ihrem Baby zu trennen, können Sie auch erst einmal einen Spaziergang rund um den Häuserblock beginnen. Wenn Sie merken, dass Ihr Baby auch noch zufrieden ist, wenn Sie wieder zur Tür hereinschauen, wird Ihnen das nächste Mal der Abschied leichter fallen und Sie werden sich schon längere Zeit trauen, den kleinen Spatz bei jemand anderem zu lassen. Vorsichtshalber können Sie auch Muttermilch im vorab abpumpen und einfrieren, damit Ihr Baby nicht Hunger leiden muss, wenn Sie doch unvorhersehbar nicht zur nächsten Stillzeit da sein können.

Urlaub mit dem Baby

Ihrem Baby ist es eigentlich völlig egal, wo Sie hinreisen. Wo Sie sind, ist es glücklich. Dazu ist gleich zu Beginn einschränkend zu sagen, dass Fernreisen für Babys nicht empfehlenswert sind. In der Regel sind die klimatischen Verhältnisse zu belastend für so einen kleinen Wurm. Außerdem ist z.B. in tropischen Ländern die

Mein Tipp

Babyphon calls Handy!

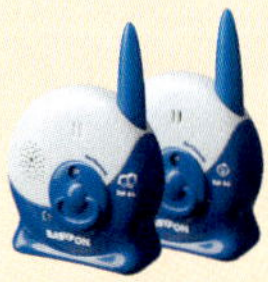

Babyphone der neuen Generation senden nicht, sondern überwachen die Geräusche des Babys. Weint oder brabbelt das Kind, wählt der elektronische Babysitter eine vorher gespeicherte Telefonnummer. So haben Sie kein Problem mit der Reichweite, denn normale Babyphone reichen nur bis 400 Meter. Das Verfahren eignet sich prima, wenn Sie beide in der Bar um die Ecke oder für einen Teller Pasta beim Italiener sitzen (Seite 162). Sie benötigen einen Telefonanschluss, alle weiteren Infos finden Sie unter www.bebetel.de und unter www.stiftung-warentest.de

JETZT SCHON VORBEREITEN

Nach Babysittern Ausschau halten

Wichtig ist natürlich, dass Sie Ihr Baby in guten Händen wissen. Vielleicht haben Sie ja im Freundes- oder Kollegenkreis jemanden, der mit Kindern gut kann und gerne einmal babysitten würde. Oft bieten sich Freiwillige schon während der Schwangerschaft an, und die Eltern trauen sich nachher nicht mehr auf das Angebot zurückzukommen. Geschulte Babysitter mit Diplom (Jugendliche ab 14 bzw. 16 Jahren können sich an Volkshochschulen, von der Kirche oder vom Deutschen Roten Kreuz ausbilden lassen) finden Sie übrigens unter www.babysitternetzwerk.de oder www.babysitter.de ganz leicht in Ihrer Nähe.

Infektionsgefahr viel zu hoch. Die meisten Medikamente, die wir Erwachsenen vorsorglich einnehmen können, sind für Babys noch gar nicht zugelassen oder viel zu nebenwirkungsreich. Außerdem sollte man mit Säuglingen unter drei Monaten noch nicht fliegen, da es zu Verletzungen der zarten Gehirngefäße kommen kann.

▲ Lieber in der Gegend bleiben als exotisch verreisen.

Aber mal andersherum gefragt – muss man denn ausgerechnet in dieser Zeit so weit verreisen und so viel riskieren. In der Schwangerschaft ist man so vorsichtig und achtet auf alle möglichen Dinge und kann doch letzten Endes froh sein, wenn ein gesundes Baby das Licht der Welt erblickt – und dann soll man wieder so viel aufs Spiel setzen? Ich finde, dass ein Urlaub in den Bergen oder an der See ebenso attraktiv und erholsam und für das Baby allemal gesünder ist.

Mein Tipp

Damit es ein entspannter Urlaub wird

Buchen Sie anstatt eines Hotels besser eine Ferienwohnung. Sie haben mehr Platz, sodass Ihr Baby z.B. auch herumkrabbeln kann. Sie sind mit den Mahlzeiten völlig unabhängig und nicht auf ein Restaurant oder einen Frühstücksraum im Hotel angewiesen, in dem ein schreiendes Baby vielleicht nicht erwünscht ist.

Checkliste

Es klingt vielleicht für Sie momentan noch etwas spießig, aber je besser Sie für alle Fälle vorgesorgt haben, desto stress- und pannenfreier wird Ihr Urlaub sein. Fragen Sie vor dem Buchen nach, ob ein Reisebett oder vielleicht sogar ein Kinderstuhl in der Wohnung vorhanden sind. Gibt es eine Badewanne oder müssen Sie Ihre Babybadewanne selbst mitnehmen? Sind in der Umgebung kinderwagentaugliche Spazierwege oder ist ein Tragetuch praktischer? Ist das Urlaubsziel so abgelegen, dass Sie sich vorher mit Babymilch, Gläschen oder Pampers für die Reise eindecken müssen?

Was Sie mitnehmen

- Kleidung für warme und kalte Tage
- Pampers/Windeln, Potücher/Cremes, Badezusatz
- Babynahrung mit genügend Flaschen bei Flaschenkindern
- Wasserkocher (zum Abkochen des Wassers für die Milch)
- Reisebett, Schlafsack/Decke
- Lieblingskuscheltier, Spielzeug
- Schnuller, Lätzchen
- Kinderwagen/Tragetuch/Kraxe (Rückentrage zum Wandern) inklusive Regenschutz
- Notfallmedikamente (Seite 94)
- Notrufnummern (Seite 94)

Ausgehen mit dem Baby

Abends einen Film im Kino ansehen, in Ruhe zu zweit auswärts essen, nach der Arbeit eine Runde ins Fitness-Studio oder zum Joggen – das alles sollten Sie jetzt noch möglichst ausgiebig tun, da mit Ankunft Ihres Babys das Leben wesentlich unflexibler und unspontaner sein wird. Kino geht nur noch alleine, wenn der Partner auf das Kleine aufpasst. Beim Joggen ist die Sache ähnlich, allerdings können Sie mit einem geeigneten Kinderwagen auch mit Baby joggen (lassen Sie sich im Fachhandel beraten).

▲ Endlich mal wieder essen gehen …

Beim Essen im Restaurant kommt es sehr darauf an, was für ein Typ Baby Ihr Kleines sein wird. Manche schlummern seelenruhig in ihrem Kinderwagen weiter, während die Eltern einen Gang nach dem anderen genießen. Es gibt jedoch auch die Kategorie Kind, die förmlich wittert, wenn Sie ein Restaurant betreten. Sobald Sie sich hingesetzt und etwas bestellt haben, beginnt das Geschrei. Nach einigen verzweifelten Beruhigungsversuchen, werden Sie das schöne Essen gerne stehenlassen und nur daran denken können, so schnell wie möglich wieder abzuhauen. Sie können die Ausgangslage durch ein paar Dinge versuchen möglichst zu optimieren: Das Baby sollte satt sein, es sollte gerade seine Schlafenszeit anstehen und die Windel sollte frisch sein.

Mein Tipp

Rauchfrei fürs Baby

Gehen Sie mit Ihrem Baby nicht in verrauchte Räume, da es die zarten Schleimhäute in den Augen, der Nase und den Bronchien reizt. dadurch wird es anfälliger für Erkältungskrankheiten mit Schnupfen und Husten. Am besten sind extra ausgewiesene Nichtrauchersäle. Denken Sie daran, was u. U. für Erwachsene nur wenig verraucht wirkt, ist für so einen kleinen Babykörper schon eine große Menge schädlicher Zigarettenrauch.

Babyschwimmen

Die meisten Babys lieben es zu schwimmen. Es erinnert die Kleinen scheinbar ein wenig an das Gefühl im Fruchtwasser im Mutterleib. Außerdem ist es gut zur Förderung der motorischen Entwicklung. Mit dem Schwimmen kann man ab einem Alter von etwa zehn Wochen beginnen. Bei solch kleinen Säuglingen sollte die Wassertemperatur noch bei mindestens 34 Grad liegen. Insgesamt sollte die Badezeit nicht 20 bis 30 Minuten überschreiten. Ich empfehle außerdem immer, lieber in den Frühlings- oder Sommermonaten damit zu beginnen, da im Winter die Erkältungsgefahr höher ist, da Babys sehr schnell auskühlen. Im Sommer erwärmen sie sich anschließend rasch wieder. Wenn in der kälteren Jahreszeit das Immunsystem ohnehin schon gefordert ist, reicht oft ein geringes Auskühlen schon aus, dass sich das Baby erkältet.

▲ Schwimmen hält auch Mamas fit.

Vorsicht ist auch bei Babys mit empfindlicher Haut geboten, da Chlor und andere Substanzen im Schwimmbadwasser zu Hautreizungen führen können. Als Alternative zu einem mit Chlor sauber gehaltenen Schwimmbad gibt es auch mit Ozon desinfizierte Bäder. Wichtig ist auf jeden Fall, das Baby nach dem Baden gründlich abzuduschen oder zu waschen, sodass eventuelle Rückstände weggespült werden. Anschließend ist eine rückfettende Körperlotion oder Creme empfehlenswert. Lassen Sie beim Baden die Win-

JETZT SCHON VORBEREITEN

Babyschwimmkurs

Da Babyschwimmen sehr begehrt ist und nicht in allen Schwimmbädern angeboten wird, sollten Sie sich, falls Sie mit Ihrem Baby regelmäßig baden wollen, schon einmal nach dem nächsten Beginn eines Kurses erkundigen.

del nicht an, da sie sich vollsaugt und schwer wird. Es gibt auch dünnere Windeleinlagen für Badehosen.

Haustiere und Babys – passt das?

Haustiere machen Arbeit, Babys auch. Die Frage ist also, ob Sie sich diese Mehrarbeit aufladen möchten, wenn Ihr kleines Baby Sie ohnehin auf Trab hält. Es stimmt, dass junge Tiere in der Regel sehr gut mit Kindern auskommen. Allerdings meine ich, dass dies erst ab etwa zwei Jahren empfehlenswert ist. Jüngere Kinder oder auch krabbelnde Säuglinge können mit einem Hund oder einer Katze noch wenig anfangen, doch ärgern können sie sie allerdings schon ab und zu, natürlich meistens ohne Absicht. Am Schwanz gezogen werden oder unsanft eins verpasst zu bekommen, das mag selbst das liebste Haustier nicht. Außerdem kommt die Unberechenbarkeit von Tieren hinzu – insbesondere, wenn sie für kürzere Zeit mit dem Säugling allein gelassen werden. Ein Hund muss es absolut nicht böse meinen, wenn er nach einem sich bewegenden kleinen Kinderfinger schnappt. Aber der ist dann ab. Anders ist die Situation, wenn Waldi zuerst da war und schon zur Familie gehört. Diese Tiere sind manchmal eifersüchtig, wenn sie merken, dass Herrchen oder Frauchen sich plötzlich in erster Linie um das kleine Baby kümmern.

Mein Tipp

Allergie-Prävention

Wenn sich bei Ihrem Baby eine allergische Veranlagung (z. B. Neurodermitis) zeigt, ist die Anschaffung von Haustieren nicht empfehlenswert, da die Wahrscheinlichkeit groß ist, dass Ihr Kind auch eine Allergie auf das Tier entwickelt – selbst wenn momentan diese Allergie noch nicht nachweisbar ist. Überlegen Sie auch, ob sonst noch ein Familienmitglied unter Allergien wie Heuschnupfen oder Asthma leidet. Ich rate dann von der Anschaffung eines Haustiers ab.

Eltern-Kind-Gruppen

Kinder brauchen Kinder und Babys brauchen Babys. Selbst, wenn Sie sich den ganzen Tag mit Ihrem Baby beschäftigen und sämtliche Fingerspiele und Frühförderungsprogramme mit größtem Elan durchführen, werden Sie den Umgang mit anderen Babys und Kindern niemals dadurch ersetzen können.

Babys finden es einfach wesentlich spannender und interessanter, was andere Babys oder Kinder machen. Wahrscheinlich hat das die Natur so eingerichtet, damit sie lernen, sich mit Gleichaltrigen auseinanderzusetzen. Einzelkinder haben es auch in der Regel wesentlich schwerer, sich später im Kindergarten einzugewöhnen. Zum einen ist die Trennung von der Mutter problematischer, weil die Bindung zwischen Mutter und Kind außerordentlich eng war und mit keinem Geschwisterkind geteilt wurde. Außerdem haben sie nicht so gut gelernt, den normalen Alltag mit anderen Kindern zu erproben: Streit, Frustrationstoleranz und Teilen will geübt werden. Deshalb sind Eltern-Kind-Gruppen insbesondere für Einzelkinder oder Erstgeborene sehr zu empfehlen. Und wenn Sie erst vor kurzem umgezogen sind, lernen Sie im Nu andere Mütter oder Väter kennen.

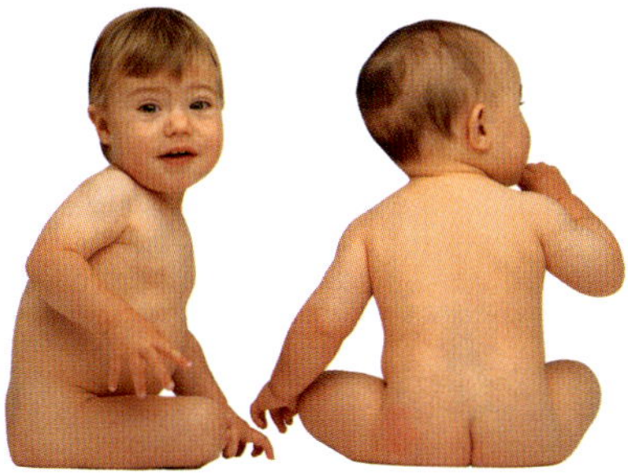

PEKiP ist in aller Munde

Sehr beliebt sind zurzeit PEKiP-Gruppen, die Abkürzung steht für Prager Eltern-Kind-Programm. Die Idee kommt von dem Prager Psychologen Dr. Jaroslav Koch. Dabei treffen sich Eltern mit ihren Babys schon nach den ersten vier bis sechs Wochen nach der Geburt. Die Gruppen bestehen aus einer PEKiP-Leiterin und maximal sechs bis acht Müttern oder Vätern mit ihren Babys. Dabei sind die Babys nackt, um ihre Bewegungsmöglichkeiten möglichst frei entfalten zu können. Außerdem werden zusätzlich bestimmte Bewegungsmuster geschult, die die motorische Entwicklung fördern. Die Anwesenheit anderer Babys wirkt sich positiv auf das Befinden des einzelnen Babys aus.

JETZT SCHON VORBEREITEN

Eltern-Kind-Gruppe suchen

Kinder finden es schön mit anderen Kindern zusammen zu sein, das gilt auch schon für die ganz Kleinen. Falls Sie vorhaben, mit dem Baby einer Krabbel- oder PEKiP-Gruppe beizutreten, können Sie sich jetzt schon einmal in aller Ruhe umsehen, welche Kurse und Programme in Ihrer Nähe angeboten werden. Schließlich dürfen die Kleinen schon ab der sechsten Lebenswoche teilnehmen. Infos finden Sie unter www.pekip.de

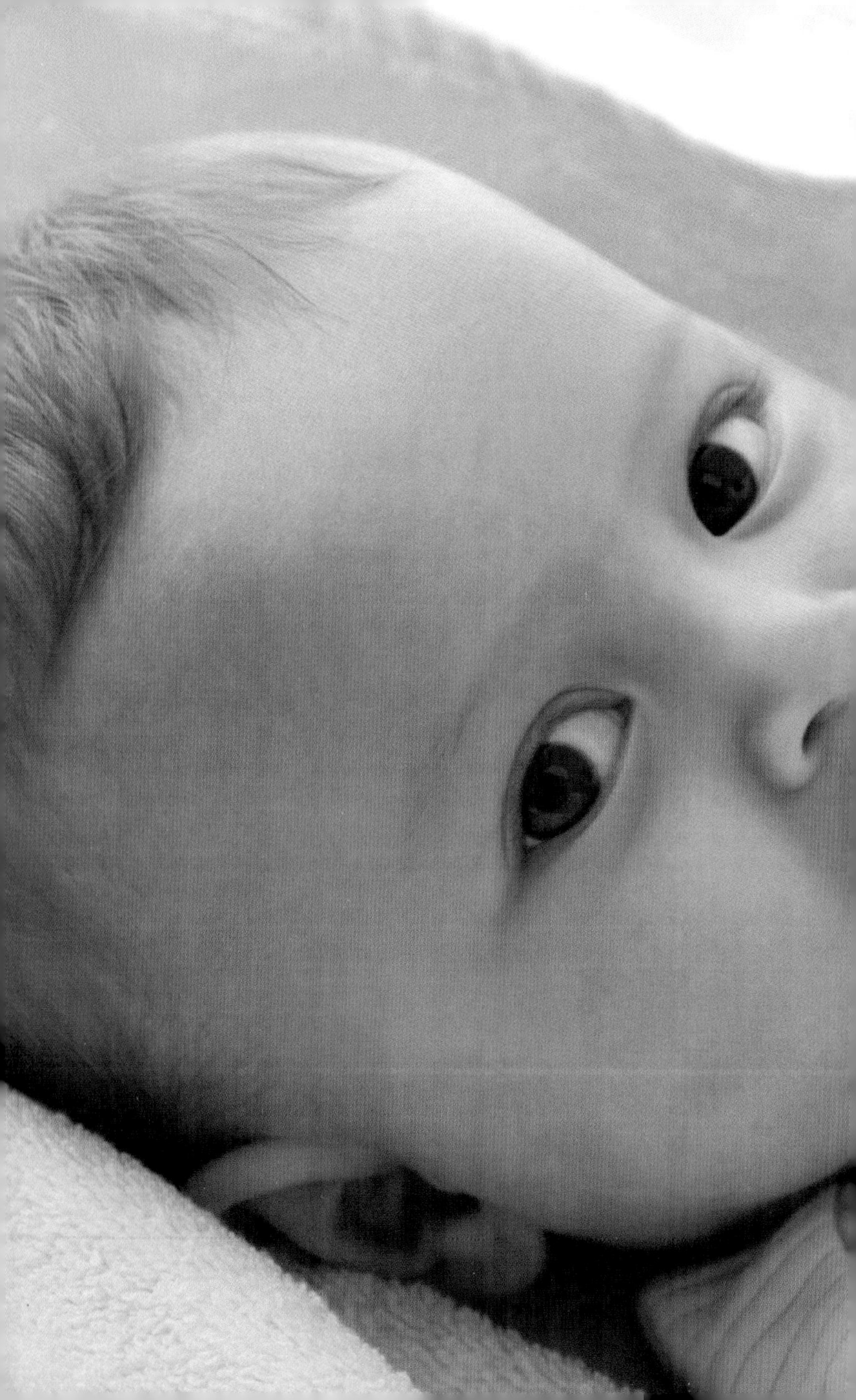

Baby-Ausstattung

Es ist schon etwas ganz Besonderes, wenn man das erste Kinderzimmer einrichtet. Schließlich soll sich das Baby darin rundum wohlfühlen.

Das Kinderzimmer

Auch wenn man beim Begriff Kinderzimmer an Spielsachen und Teddybären denkt, braucht Ihr Baby das zu Beginn alles noch nicht. Das Kinderbettchen, das später einmal im Kinderzimmer Platz finden muss, wird in den ersten Monaten nach der Geburt wahrscheinlich erst einmal unbenutzt bleiben, da sich die meisten Eltern dazu entschließen, das Baby in ihrer Nähe schlafen zu lassen. Dazu eignen sich ein Stubenwagen oder eine Wiege, die auch einmal von einem ins andere Zimmer geschoben werden können (Seite 170). Ins Kinderzimmer gehören auch ein Schrank oder eine Kommode mit vielen Fächern oder Schubladen, um die Babykleidung und nötigen Accessoires praktisch aufbewahren zu können. Wenn das Kinderzimmer nicht zu weit vom Badezimmer entfernt liegt, bietet sich ein Wickelplatz im Kinderzimmer an. Ansonsten sollte man sich eine Wickelkommode oder z.B. einen Aufsatz für die Badewanne oder Waschmaschine für das Badezimmer besorgen. Am besten legen Sie, wenn überhaupt, nur einen kleinen Teppich ins Kinderzimmer und verzichten auf dicke Vorhänge und Plüschtiere, um die Umgebung Ihres Babys möglichst allergenarm zu gestalten.

Ein Platz zum Wickeln

Der Platz zum Wickeln sollte möglichst bequem sein, da Sie dort in Zukunft viel Zeit verbringen werden. Wichtig ist, dass er hoch genug ist, d.h. in Bauchhöhe angebracht sein muss. Ob Sie eine Wi-

JETZT SCHON VORBEREITEN

Schadstofffreie Farbe

Wenn Sie die Wände des Kinderzimmers Ihres Babys neu streichen, sollten Sie auf schadstofffreie Farben achten, die für Kinderzimmer geeignet sind. So können Sie sicher gehen, dass keine giftigen Ausdünstungen Ihr Baby gefährden. Bunte Kinderschränke sind übrigens verhältnismäßig teuer und meist zu klein. Kaufen Sie lieber einen ganz normalen Kleiderschrank in der Ertwachsenenabteilung und malen Sie ihn ebenfalls mit spezieller Öko-Farbe an. Ungiftige Lacke und Farben sind übrigens mit dem Vermerk giftfreie Lacke nach DIN 53160 gekennzeichnet.

ckelkommode, eine Wickelauflage für die Badewanne verwenden oder Ihr Kind einfach auf einem Tisch wickeln, bleibt Ihnen überlassen. Günstig ist es in der Nähe einen Wasseranschluss zu haben, da man das Baby oder den Waschlappen sonst unnötig hin- und hertragen muss. Platzieren Sie alles Weitere in greifbarer Nähe: Windeln, Poputztücher, Pocreme, neue Bodys usw. (Seite 170).

▲ Eine Wickelauflage für die Badewanne.

Insbesondere bei im Winter geborenen Babys macht es auch Sinn, einen Heizstrahler über dem Wickelplatz zu installieren. Wichtig ist, dass Sie unbedingt die vorgeschriebene Höhe bei der Montage einhalten. Außerdem kann man einen gemütlich warmen Wickelplatz auch neben dem Wickeln zu anderen Dingen nützen, die Babys lieben: z. B. Babymassage oder Turnübungen.

JETZT SCHON VORBEREITEN

Bespaßung beim Wickeln

Da Babys sich naturgemäß häufig auf dem Wickeltisch aufhalten, kann man die Zeit nützen, um mit einem an der Decke aufgehängten Mobile oder mit Greifspielzeug die Wahrnehmung und Motorik zu fördern (Seite 166).

Kleidung fürs Baby

Bei der Auswahl der Kleidung müssen Sie beachten, ob Ihr Baby im Sommer oder im Winter geboren ist, da Sie jeweils ganz unterschiedliche Dinge benötigen. Kaufen Sie auch nur wenige Dinge in den ersten zwei Baby-Größen ein (56 und 62), da Ihr Baby nach den ersten sechs bis acht Wochen schon wieder herausgewachsen sein wird. Es ist fast immer so, dass man von Freunden in diesen Anfangsgrößen eine Menge zur Geburt geschenkt bekommt, sodass man einzelne Teile seinem Baby manchmal nur kurze Zeit anziehen konnte. Am gesündesten sind übrigens Second-Hand-Sachen, da durch das häufige Waschen eventuelle schädliche oder allergiefördernde Substanzen längst entwichen sind.

▲ Strumpfhosen gehören auch zur Erstgarderobe für Winterkinder.

JETZT SCHON VORBEREITEN

Strampler kaufen

Wenn Sie mit Ihrem neugeborenen Baby nach Hause kommen, ist es äußerst hilfreich, wenn Sie die notwendige erste Kleidung bereits da haben. Natürlich macht es noch mehr Spaß niedliche Sachen einzukaufen, wenn man seinen Spatz erst einmal vor sich sieht und weiß, welche Größe er benötigt. Allerdings werden Sie dazu in den ersten Wochen kaum Zeit finden, bzw. Muße dazu haben. Wenn Sie tatsächlich einmal etwas Leerlauf haben sollten, rate ich eher zu einem kurzen Nickerchen zwischendurch. Bedenken Sie – die Nächte sind verflixt kurz ...

Erstgarderobe für Sommerkinder

- 5 kurzärmelige Bodys
- 2 langärmelige Bodys (für kühlere Tage)
- 5 Strampler
- 2 kurze Höschen
- 2 T-Shirts
- 2 dünne Pullover
- 2 Jacken oder/und ein dünner Overall
- 3 Paar Socken
- 2 dünne Baumwollmützchen
- 2 Paar dünne Baumwollhandschuhe

Erstgarderobe für Winterkinder

- 5 langärmelige Bodys
- 5 Strampler
- 2 Pullover
- 2 Hosen (zum über den Strampler anziehen)
- 1 dicker Overall und 1 Schneeanzug
- 2 wärmere Mützchen
- 2 Paar warme Handschuhe (falls nicht am Schneeanzug angebracht)
- 3 Paar Strumpfhosen

Alles für die Babypflege

Am besten reservieren Sie im Badezimmer oder in der Nähe vom Wickelplatz ein Körbchen mit allen notwendigen Utensilien zur täglichen Pflege Ihres kleinen Babys. Neben Papier- oder Mehrwegwindeln und Poputztüchern gehören folgende Utensilien an den Wickelplatz:

- 1 Wundsalbe für den Po
- eventuell ein Körperöl zur Massage
- 1 rückfettende Creme oder Lotion (bei trockener Haut)
- 1 weiche Bürste zur Kopfmassage
- 1 Hautdesinfektionsmittel
- Wattestäbchen
- 1 kleiner steriler Tupfer zur Nabelpflege,
- 1 Badethermometer
- 1 rückfettender Badezusatz
- 1 Nagelschere

Außerdem sollte ein großes Badehandtuch mit Kapuze und ein Waschlappen griffbereit sein. Nicht selten spucken die Babys auch ein wenig durch das Hinundherbewegen beim Wickeln, sodass ein paar Stoffwindeln in der Nähe dienlich sein können.

Welches Bett braucht das Baby?

In den ersten Monaten ist Ihr Baby am besten in Ihrer Nähe, da wo Sie schlafen, aufgehoben. Wichtig ist, dass Ihr Baby einen Schlafplatz hat, an dem es nicht zieht und nicht zu warm ist. Die Zimmertemperatur sollte bei ungefähr 18 Grad liegen. Zu Beginn reicht ein Stubenwagen oder eine Wiege mit einer festen Unterla-

JETZT SCHON VORBEREITEN

Einkaufsliste

- 5 Schnuller
- 5 Lätzchen (am Anfang reichen Mullwindeln für die eigene Schulter)
- 1 Krabbeldecke
- 1 Schmusedecke für den Kinderwagen/für die Wiege
- 1 Babywippe
- 1 Spieluhr
- 1 Babyphon

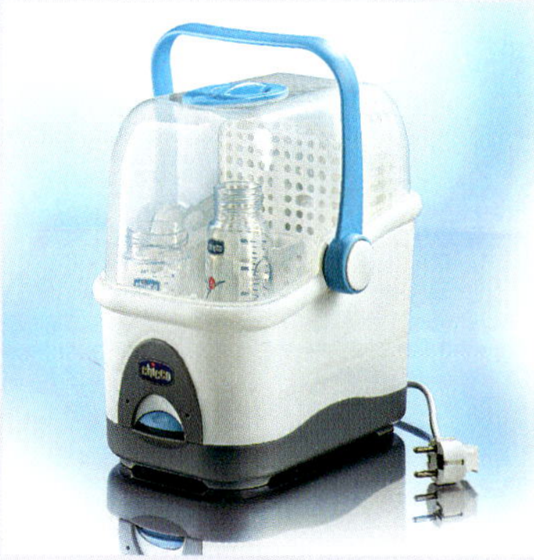

Für mit Flaschenmilch ernährte Babys:

- 1 Flaschenwärmer
- 6 Fläschchen mit Sauger
- Wärmebox für Flaschen
- 1 Sterilisator (erspart zeitraubendes Auskochen)

ge. Ein Kissen braucht Ihr Baby noch nicht. Günstig ist eine feuchtigkeitsundurchlässige Unterlage für den Kopf. Als Zudecke eignet sich eine kleine Decke (Seite 162).

Verwenden Sie keine dicken Federbetten, da sie zu einer Überwärmung des Babys führen können. Sobald Ihr Baby anfängt zu strampeln, sollten Sie ihm einen Schlafsack anziehen, da sonst die Gefahr zu groß ist, dass sich das Baby die Decke über den Kopf zieht. Und mit fünf bis sechs Monaten ist das Baby groß genug für ein Kinderbett. Achten Sie beim Kauf darauf, dass bei einem Gitterbett die Sprossen nicht mehr als 7 cm Abstand voneinander haben, damit sich Ihr Baby nicht den Kopf einklemmen kann. Günstig ist, wenn man später ein paar

JETZT SCHON VORBEREITEN

Babysachen-Flohmarkt besuchen

Nicht nur gut erhaltene Kleidung, sondern auch alle anderen möglichen Dinge, die das Baby braucht, kann man mittlerweile auf sogenannten Babysachen-Flohmärkten einkaufen. Meist werden die Termine in der kostenlosen Stadtteilzeitung veröffentlicht. Sie finden regelmäßig im Frühjahr und Herbst in Kindergärten, Gemeinden und Pfarrzentren statt.

Stäbe herausnehmen kann, da die Kleinen es irgendwann toll finden, selbstständig herausklettern zu können. Außerdem sollte das Bett höhenverstellbar sein, damit Sie es zu Beginn auf die höchste Stufe einstellen können, sodass Sie sich nicht so sehr bücken müssen. Die Matratze sollte für Babys relativ hart sein.

Schon Spielzeug fürs Baby?

Ein Neugeborenes kann ja noch nicht greifen, weshalb das ganze gut gemeinte Spielzeug, das man in der Regel zur Geburt geschenkt bekommt, zunächst noch in der Spielkiste bleibt. Das bedeutet jedoch nicht, dass man das Baby am Anfang quasi in einen grauen Pappkarton legen solle. Die Sinnesorgane wie das Fühlen, Sehen und Hören entwickeln sich gleich zu Beginn in rasanter Weise (Seite 100), sodass Anregung durch Neues für das Baby ungemein wichtig ist.

Konkret heißt das z.B., dass Ihr Baby es überaus spannend findet, wenn Sie ein Mobile über seinem Bettchen aufhängen. Die Motive sollten möglichst einfach sein und aus großen Formen bestehen. Außerdem mögen Babys Streifen – und je kontrastreicher, desto besser. Also eignen sich dicke schwarze und weiße Streifen, mal senkrecht, mal waagerecht und auch in Kreisform. Auch Farben mag ein Neugeborenes bereits und zwar am liebsten schön konservativ in Rot, Blau, Gelb und Grün. Auch Spieluhren sind klasse – sie helfen beim Einschlafen und außerdem mögen Babys Musik (Seite 112). Wenn Ihr Baby dann allmählich anfängt zu greifen, hängen Sie über seinem Bettchen oder über seiner Krabbeldecke ein Spielzeug auf, das quietscht oder rasselt. Das animiert zum Hinfassen. Jetzt mögen die Babys auch allmählich ein kleines Schmusepüppchen. Je besser das Greifen funktioniert, desto interessanter wird auch anderes Spielzeug für das Baby, das man auf- oder aneinanderschlagen kann. Ab dem zehnten Monat interessieren sich Babys dann auch allmählich für Bilderbücher und Dinge, die sie ineinanderstecken können.

Baby-Ausstattung von A bis Z

Arnikatinktur:
Nachdem der Nabelrest abgefallen ist, wird der verbleibende Nabelgrund zwei bis drei Tage lang mit Arnikatinktur betupft. Wirkt entzündungshemmend und kann Infektionen vorbeugen, die Tinktur gibt's in der Apotheke (Seite 27).

Babybadeeimer:
Im Eimer sitzen die Kleinen fast ohne Hilfe, sie können nicht wegrutschen und mögen das Gefühl, das sie an den Mutterleib erinnert. Ist im Babyfachmarkt erhältlich (Seite 25).

Babybadewanne:
Geeignet für alle Babys, die gerne und oft baden. Eignet sich im Sommer prima als Planschbecken für den Balkon (Seite 25).

Babydecke:
Ihr Baby braucht gerade für den Anfang eine schöne flauschige Babydecke. Am besten ist, wenn Sie anfangs ein paar Nächte auf ihr schlafen, dann duftet sie schön nach Ihnen (Seite 14).

Babyphon:
Die elektronischen Babysitter sind hilfreich, wenn man sich z.B. im Garten aufhält, wo man das Baby nicht hört. Neuere Geräte können eine vorher gespeicherte Telefonnummer anrufen, wenn das Kind schreit (Seite 144).

Baby-Schalen:
siehe Maxicosi (Seite 166).

Badethermometer:
Das Badewasser sollte zwischen 36 und 37 Grad warm sein. Zum Überprüfen der Temperatur eignet sich am besten ein Badethermometer (Seite 24).

Badezusatz:
Ein Schuss rückfettender Badezusatz im Badewasser, z.B. mit Calendula, verhindert, dass Babys Haut austrocknet. Gibt es im Reformhaus oder Drogeriemarkt (Seite 24).

Beißring:
Spezielle Beißringe zum Kühlen helfen Babys mit Zahnweh (Seite 85).

Bett:
Mit fünf bis sechs Monaten ist das Baby groß genug für ein Kinderbett. Beim Gitterbett sollten die Sprossen nicht mehr als 7 cm Abstand voneinander haben, damit sich Ihr Baby nicht den Kopf einklemmen kann (Seite 158).

Betterweiterung:
Eine Erweiterung für das elterliche Bett ist besonders praktisch, wenn die Babys noch öfter in der Nacht gestillt werden (Seite 76).

Brustformer:
Selten bekommen die Babys beim Trinken die Warze schlecht mit dem Mund zu fassen, weil die Brustwarzen sehr flach sind. Brustformer (sogenannte Schilder) setzt man eine Zeitlang

vor dem Stillen auf die Brust, und durch die Körperwärme entsteht ein Vakuum, wodurch sich die Brustwarzen aufrichten (Seite 39).

Erstgarderobe:
Was das Baby anfangs benötigt hängt sehr von der Jahreszeit ab, in der es geboren wird: Strampler, Bodys etc. (Seite 157).

Feuchttücher:
Feuchttücher für die Babypflege am besten nur für Reisen benutzen, da sie häufig Parfümstoffe enthalten, die der Haut nicht gut tun (Seite 87).

Fieberzäpfchen:
Fiebersenker sind das wichtigste Notfallmedikament und sollte man immer im Haus haben (Seite 93).

Fläschchen:
Verwenden Sie am besten Plastikflaschen, da sich in Glasflaschen Rückstände an der Wand bilden können. (Seite 58).

Folgemilch:
Füttert man etwa nach vier Monaten, wenn das Baby nicht mehr richtig satt wird. Diese Säuglingsnahrung ist zum Teil auch mit der Ziffer 2 gekennzeichnet (Seite 57). Folgemilch wird von Kinderärzten nicht ausdrücklich empfohlen, da Kalorien über das Zufüttern hinzukommen.

HA-Milch:
Für allergiegefährdete Babys, das enthaltene Eiweiß ist teilweise hydrolysiert. Es gibt auch eine Anfangsmilch, die HA-1-Milch, die Sie Ihrem Baby unmittelbar nach der Geburt füttern können (Seite 59).

Hausapotheke:
Einige Medikamente sollte man mit einem Säugling immer im Haus haben, z.B. Fieberzäpfchen (Seite 94).

Heizstrahler:
Hängt man in entsprechender Höhe über die Wickelkommode, damit die Babys beim Wickeln nicht auskühlen und eine Weile nackt strampeln können (Seite 103).

Kinderwagen:

Viele Kinderwagen sind als Babywagen und Sportwagen kombinierbar. Ab dem Sitzalter mit etwa einem halben Jahr kann die Liegeschale gegen einen Sitz ausgetauscht werden kann. Genauso praktisch ist ein Buggy, der sich leicht und schnell zusammenklappen lässt und nicht viel wiegt (Seite 139).

Kinderarzt:
Unter www.kinderaerzteimnetz.de findet man einen Kinderarzt in seiner Nähe (Seite 101).

Kleiebad:
Hilft bei einem wunden Popo. Das Wasser sollte nicht zu warm sein, etwa 5 bis 10 Minuten reichen (Seite 87).

Krabbeldecke:
Ab dem vierten Lebensmonat brauchen Kinder eine Krabbeldecke oder einen dicken Teppich, um ihre neuen Bewegungsmöglichkeiten austesten zu können (Seite 124).

Kümmelöl:
Bauchmassagen mit Kümmelöl helfen bei Bauchschmerzen bzw. Dreimonatskoliken. Das Öl gibt es in jeder Apotheke zu kaufen (Seite 90).

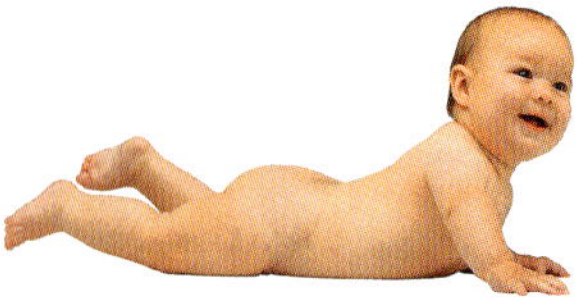

Laufstall:
Einen Laufstall sollte man in der Höhe verstellen können, um rückenschädigendes Bücken zu vermeiden (Seite 123).

Maxicosi:
Bis zu einem Gewicht von neun Kilogramm transportiert man Babys im Auto in speziellen Baby-Schalen, die nach einer speziellen Marke oft generell als »Maxicosi« bezeichnet werden (Seite 140).

Milchpumpe:
Es gibt mechanische und auch elektrische Milchpumpen. Die mechanischen sowie die kleinen elektrischen sind eher für die Reise und das kurze Abpumpen zwischendurch gedacht. Große elektrische Pumpen kann man in der Apotheke ausleihen (Seite 50).

Milchsauger:
Man sollte unbedingt darauf achten, dass das Loch im Sauger die richtige Größe hat. Bei einem zu kleinen Loch muss sich das Baby furchtbar anstrengen. Oft wird es dann schon müde, bevor es genügend getrunken hat (Seite 58).

Mobile:
Ein selbst gebasteltes, kontrastreiches (am besten schwarz-weiß) Mobile über der Wiege oder dem Stubenwagen finden schon Säuglinge spannend (Seite 114).

Nasentropfen:
Abschwellende Nasentropfen für Säuglinge gibt man Babys mit Schnupfen am Abend, damit sie ausreichend Luft bekommen (Seite 71).

Pocreme:
Dünn aufgetragen schützt sie den Po vorm Wundwerden. Sie sollte Zink oder Mandelöl enthalten (Seite 32).

Pre:
Anfangsnahrung für Neugeborene. Eiweiß, Fett, Kohlenhydrate und Vitamine sind weitestmöglich dem der Muttermilch angepasst (Seite 57). Zum Teil heißt die Milch auch nicht Pre sondern 1.

Säuglingsnagelschere:
Hat abgerundete Ecken, sodass beim Nägelschneiden nichts passiert. Sie kostet nicht mehr als normale Nagelscheren auch und sollte unbedingt zur Erstausstattung gehören (Seite 29).

Sauger:
Es gibt Milch- und Teesauger. Wird das Baby nicht gestillt, fängt man mit einem Milchsauger in der kleinsten Größe für den Anfang an (Seite 58).

Schmusetier:
Ein kleines weiches Schmusetier aus Frottee oder Baumwolle mit einem knisternden oder klingelnden Inhalt mögen Säuglinge sehr gern. Allerdings sollte es nicht größer als ungefähr zehn bis fünfzehn Zentimeter sein, damit es nicht während des Schlafes auf das Gesicht des Babys fallen kann (Seite 122).

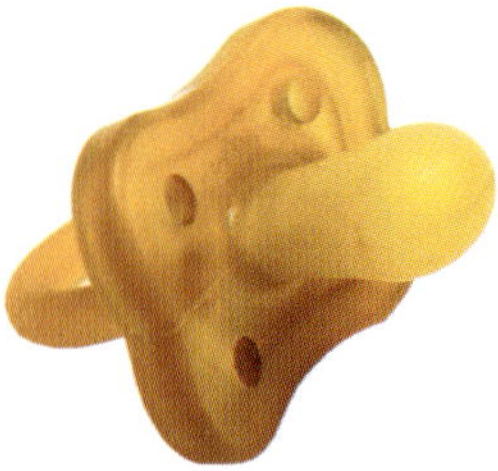

Schnuller:
Es gibt Latex- und Silikon- und Kautschuksauger. Latexsauger sind elastisch und reißfest, nutzen sich durch Kochen eher ab. Silikonsauger sind leichter zu zerbeißen und Sauger aus Kautschuk besonders haltbar und gut geeignet für Kinder, die schon Zähne haben (Seite 28).

Sonnenschutzkleidung:
Spezielle Kleidung, die das Baby vor ultravioletter Strahlung schützt. Insbesondere geeignet für den Badeurlaub am Meer, auch Badeanzüge und Sonnenhüte sind aus diesem Material erhältlich (Seite 84).

Sterilisator:
Entweder man kocht Fläschchen und Sauger im Kochtopf mindestens zehn Minuten aus oder gibt sie in ein Gerät zum Sterilisieren, den **Sterilisator** (Seite 159).

Stoffwindel:
Legt man sich über die Schulter, wenn das Baby aufstößt, und braucht man in der ersten Zeit, wenn die Kleinen noch viel spucken (Seite 91).

Spieluhr:
Eine Spieluhr kann das Baby schon im Mutterleib beruhigen. Nach der Geburt wird es sich an die Melodie erinnern (Seite 68).

Spielzeugständer:
Ein Spielzeugständer, an dem das Baby in Rückenlage allerlei Gegenstände anstoßen und ergreifen kann ist nötig, wenn es etwa vier Monate alt ist (Seite 124).

Still-BH:
Lässt sich praktischerweise an beiden Trägern an der Vorderseite öffnen und ist eine praktische Hilfe für das Stillen (Seite 38).

Stilleinlagen:
Da oft nach dem Stillen noch etwas Milch nachläuft, brauchen Stillende Stilleinlagen, die man unter den BH auf die Brustwarzen legt. Es gibt sie luftdurchlässig aus Seide oder Wolle zum Selberwaschen oder aus einem wattierten Material für den Einmalgebrauch (Seite 38).

Stillhütchen:
Setzt man während des Stillens auf die Brust, wenn das Baby Probleme hat, an einer flachen Brustwarze zu trinken (Seite 39).

Stillkissen:
Praktisch zum Stillen ist ein Stillkissen, auf das Sie während des Stillens Arm und Baby ablegen können (Seite 38).

Tragehilfe:
Mithilfe von Tragetüchern (z. B. von Didymos) oder andere Tragehilfen (z. B. Babybjörn) können selbst Neugeborene in hüftschonender Spreiz-Anhock-Haltung transportiert werden (Seite 104).

Tragetuch:
siehe Tragehilfe (Seite 169).

Wärmflasche:
Besonders kleine und leichte Babys oder solche die Probleme mit dem Warmbleiben haben, fühlen sich im Winter mit einer Babywärmflasche im Kinderwagen sehr wohl. Sie gibt es oft in Form von Stofftieren (Seite 82).

Waschlappen:
Sie benötigen ein Dutzend, auch um den Po beim Wickeln zu säubern und um das Baby beim Baden zu waschen (Seite 25).

Wickelkommode:
Der Platz zum Wickeln sollte möglichst bequem sein – in Bauchhöhe, das schont den Rücken. Neben Wickelkommoden gibt es auch Wickelauflagen für die Badewanne, die sehr praktisch sind, weil der Wasseranschluss gleich in der Nähe ist und man das Bad auch besser heizen kann (Seite 155).

Wiege:
In einer Wiege schlafen viele Babys, bis sie alleine in ihrem Zimmer im Bettchen übernachten. Wiegen oder Stubenwagen können leicht von einem Zimmer ins nächste bewegt werden. Es ist möglich, für diese kurze Zeit eine Wiege zu mieten (Seite 75).

Windeln:
Es gibt Mehrwegwindeln, also Baumwollhöschen mit passenden Überhosen als Nässeschutz und Einweg-Papierwindeln (z.B. Pampers). Stoffwindeln vertragen manche Kinder mit sensibler Haut besser, weil sie luftdurchlässig sind (Seite 32).

Windeldienst:

Für alle, die nicht selber Stoffwindeln waschen möchten sehr praktisch, da der Service zu Hause die schmutzigen Windeln abholt und frische bringt (Seite 32).

Wundschutzsalbe:

Anfangs ist die Haut um den Nabel herum manchmal ein wenig gerötet. Hier hilft eine regelmäßig aufgetragene Wundschutzsalbe (Seite 26).

Zahnbürste:

Babyzahnbürsten haben Gummiborsten. Sobald ein Zahn da ist, sollte man mit dem Putzen beginnen (Seite 85).

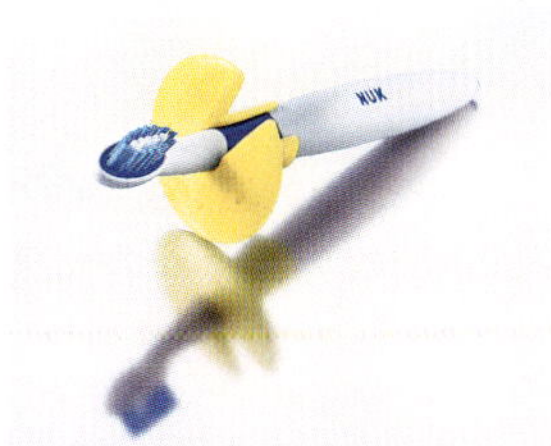

Adressen und Literatur

Das Bundesministerium für Familie, Senioren, Frauen und Jugend gibt zu allen Leistungen kostenlose Broschüren heraus:
Postfach 201551
53145 Bonn
Tel. (01 80) 5 32 93 29
E-Mail: Broschuerenstelle@bmfsfj.bund.de
Internet: www.bmfsfj.de

Ausführliche Informationen zum Thema Kündigungsschutz:
Bundesministerium für Arbeit und Soziales
Postfach 300 265
53182 Bonn
E-Mail: info@bmas.bund.de

Renate Huch:
Glücklich schwanger von A–Z
Über 200 Stichworte von Aquajogging bis Zeckenbiss
TRIAS, 2005

Anne Iburg:
Die besten Breie für Ihr Baby
Einfach, lecker und gesund: Monat für Monat die richtige Kost
TRIAS, 2007

Ursula Jahn-Zöhrens:
Entspannt erleben: Babys 1. Jahr
TRIAS, 2005

Karin Schutt:
Baby-Fun
PEKiP, Massage, Spiele, Musik & Co.
Das Beste aus allen Babykursen für zu Hause
TRIAS, 2007

Stichwortverzeichnis

Bibliografische Information der Deutschen Nationalbibliothek
Die Deutsche Nationalbibliothek verzeichnet diese Publikation in der Deutschen Nationalbibliografie; detaillierte bibliografische Daten sind im Internet über http://dnb.d-nb.de abrufbar.

Programmplanung: Uta Spieldiener

Redaktion und Bildredaktion:
Anja Fleischhauer

Umschlaggestaltung und Layout:
CYCLUS Visuelle Kommunikation

Bildnachweis:
Umschlagfoto: Raith
Fotos im Innenteil: Photodisc: S. U2, 4 oben, 10, 11, 14, 17, 18, 22, 24 oben, 28, 47, 53, 54, 66, 68, 82, 88, 89, 107, 108, 118, 120, 125, 127, 128, 143, 150, 151, 166 oben; Teutonia Kinderwagen: S. 1, 140, 165 oben; Pixland: S. 2 oben, 38; Baby-Walz:
S. 2 unten, 27, 32, 37, 41, 43, 50, 51, 58, 59 oben, 63, 70, 83, 85, 122, 123, 139, 141, 144, 155, 156 unten, 158, 159 oben, 161, 163, 164 unten, 171; Photo Alto: S. 4 unten, 5, 6, 7, 20, 21, 26, 29, 30, 34, 35, 36, 40, 49, 55, 57, 60, 64, 65, 69, 71, 73, 75 oben, 76, 78, 79, 84, 86, 91, 97, 98, 99, 100, 105 oben, 109, 111, 113, 116, 117, 130, 131, 132, 152, 153; stock.xchng: S. 15, 44, 95, 96, 112, 114, 133, 134, 138, 145, 147, 168; Sigikid: S. 24 unten, 61 unten, 69 oben, 81, 83, 92, 105 unten, 124, 154, 156 oben, 157, 159 unten, 162, 164 oben, 165 unten, 166 unten, 169, 170; www.rasselfisch.de: S. 25, 75; Dynamic Graphics: S. 45, 59 unten, 121; BLE, Bonn/Foto Thomas Stephan: S. 46; Fotoclip MEV: S. 59 unten, 94, 148, 149; Fridhelm Volk: S. 62; Creativ Collection: S. 80, 137; Agentur Kunterbunt/Heide Velten; S. 102; Didymos Erika Hoffmann: S. 104

Bei den Fotos im Buch handelt es sich um gestellte Aufnahmen

Liebe Leserin, lieber Leser,
hat Ihnen dieses Buch weitergeholfen? Für Anregungen, Kritik, aber auch für Lob sind wir offen. So können wir in Zukunft noch besser auf Ihre Wünsche eingehen. Schreiben Sie uns, denn Ihre Meinung zählt!

Ihre TRIAS Verlag
E-Mail Leserservice:
heike.bacher@medizinverlage.de

Wichtiger Hinweis: Wie jede Wissenschaft ist die Medizin ständigen Entwicklungen unterworfen. Forschung und klinische Erfahrung erweitern unsere Erkenntnisse, insbesondere was Behandlung und medikamentöse Therapie anbelangt. Soweit in diesem Werk eine Dosierung oder eine Applikation erwähnt wird, darf der Leser zwar darauf vertrauen, dass Autoren, Herausgeber und Verlag große Sorgfalt darauf verwandt haben, dass diese Angabe dem Wissensstand bei Fertigstellung des Werkes entspricht.
Die Ratschläge und Empfehlungen dieses Buches wurden vom Autor und Verlag nach bestem Wissen und Gewissen erarbeitet und sorgfältig geprüft. Dennoch kann eine Garantie nicht übernommen werden. Eine Haftung des Autors, des Verlages oder seiner Beauftragten für Personen-, Sach- oder Vermögensschäden ist ausgeschlossen.

1. Auflage 2007

Printed in Italy

Satz: Fotosatz Buck, Kumhausen
gesetzt in: InDesign CS2
Druck: L.E.G.O. S.p.A., Italien

Gedruckt auf chlorfrei gebleichtem Papier

ISBN 978-3-8304-3359-0 1 2 3 4 5 6